생각의 에너지체와 그 사용법

마음 사용 설명서

마음 사용 설명서
생각의 에너지체와 그 사용법

초판 1쇄 발행 2025년 3월 1일

저자명 C. W. 리드비터, 애니 베전트
편집·번역 남우현
펴낸이 남우현
펴낸곳 지식나무
출판등록 제2024-000043호

교정 정은솔
디자인 이현
편집 이현
검수 김지원, 이현
마케팅 김윤길

주소 인천 부평구 마장로 10 4층 (십정동, 함흥관)
전화 0507-1459-4145
팩스 0504-220-4142
이메일 treeok31@naver.com
블로그 blog.naver.com/treeok31

ISBN 979-11-990745-2-1(03200)
값 16,700원

- 이 책의 판권은 지은이에게 있습니다.
- 이 책 내용의 전부 또는 일부를 재사용하려면 반드시 지은이의 서면 동의를 받아야 합니다.
- 잘못된 책은 구입하신 곳에서 바꾸어 드립니다.

생각의 에너지체와 그 사용법

마음 사용 설명서

Thought-Forms

저자 C. W. 리드비터, 애니 베전트
편집·번역 남우현

지식나무

애니 베전트와 리드비터(1901년 런던)

목차

준비 지식

책의 구성과 흐름의 이해   14

C. W. 리드비터와 애니 베전트:
정신세계 탐구의 선구자들   16

신지학: 우주의 진리를 탐구하는 여정   19

신지학의 우주론과 우주의 계층 구조   22

1부 생각의 에너지체

1. 머리말

2. 생각의 에너지체

생각-에너지체의 이해   28

생각-에너지체 표현의 어려움   34

생각의 두 가지 효과	38
생각의 진동이 작동하는 법	40
생각의 형태와 그 효과	42
생각의 색상들의 의미	52
생각-에너지체의 세 가지 분류법	56
생각-에너지체의 투사	59

3. 이미지로 보는 기본적인 감정들

애정의 생각-에너지체	63
헌신의 생각-에너지체	69
지성의 생각-에너지체	78
야망의 생각-에너지체	81
분노의 생각-에너지체	83
연민의 생각-에너지체	88
공포의 생각-에너지체	89
탐욕의 생각-에너지체	91

4. 여러 상황에서 만들어지는 욕망-지성의 에너지체

급박한 위기 상황에서의 생각-에너지체	94
무대의 주인공이 생성한 생각-에너지체	98
도박중독자의 생각-에너지체	99
교통사고 목격 시 생성된 생각-에너지체	101
장례식장에서 목격된 생각-에너지체들	102
반가운 만남 시 생각-에너지체	106
성화 감상 중 생성된 생각-에너지체	107

5. 명상 중 만들어지는 지성-욕망의 에너지체

인류를 향한 동정과 사랑	110
모두를 포용하려는 열망	112
여섯 방위의 사랑과 동정	113
우주적 질서에 대한 지성적인 개념	115
현현한 로고스	116
모든 곳에 편재하는 로고스	118
또 다른 개념	119

3중 현현   121

7중 현현   122

지성적 열망   123

도움이 되는 생각들의 형상들   125

6. 음악이 만들어 내는 에너지체

멘델스존   131

구노   134

바그너   137

2부
생각 사용법

1. 서문

2. 생각의 힘의 실재성과 그 영향

생각이 자신에게 미치는 영향   148

생각이 외부에 미치는 영향   149

생각의 파동과 에너지체의 작용   151

생각-에너지체의 종류와 특징   155

3. 마음 훈련의 중요성과 실천 방법

마음 훈련의 필요성   160

마음 훈련 팁 1: 마음을 유용하게 점유하기   161

마음 훈련 팁 2: 집중력 향상시키기   162

마음 훈련 팁 3: 에너지의 효율적인 사용   163

마음 훈련 팁 4: 걱정과 두려움의 극복   166

마음 훈련 팁 5: 감정적 동요의 통제   167

4. 생각의 파동이 미치는 영향과 책임

5. 생각의 힘의 활용

생각의 힘으로 타인을 변화시키는 법   172

생각의 힘으로 운명을 바꾸는 법   175

생각의 힘을 통한 치유   178

6. 결어

부록
생각에 대한 다스칼로스의 가르침

1. 생각-에너지체의 두 유형

2. 생각의 에너지체와 삶의 실체
생각-에너지체의 생성 과정   187
기억과 인식 그리고 삶의 실체   189

3. 생각-에너지체의 활동과 영향력
생각-에너지체의 외형과 움직임   191
부정적 감정의 에너지체   192
생각-에너지가 깃든 물건과 장소   194
감정 정화의 중요성   196
부정적 생각-에너지체 대응법   198

4. 집단적 생각-에너지체와 그 영향

생각이 창조한 신적 존재들   201

전쟁과 비극을 만드는 집단 에너지체   204

5. 부정적 생각-에너지체 중화법

6. 환영의 세계와 생각하는 나

환영과 생각의 세계   211

마음과 생각 그리고 나   214

7. 핵심 수행법과 그 능력

인격의 본질과 구성   218

자기 관찰과 영적 성장   220

수행의 구체적인 방법   221

이 수행을 통해 얻게 되는 능력들   224

컬러 도판 모음   229

⚜ 준비 지식 ⚜

책의 구성과 흐름의 이해

　모든 생각은 아무리 사소하더라도 일정한 파동과 에너지체를 만들어 냅니다. 그러나 우리는 이러한 작은 생각의 힘이 얼마나 강력한지, 그리고 이를 긍정적으로 활용함으로써 삶을 어떻게 변화시킬 수 있는지 잘 알지 못합니다. 《마음 사용 설명서》는 이러한 질문들에 답하며, 독자 여러분을 매혹적인 여정으로 안내합니다. 이 책은 인간 의식의 숨겨진 힘과 우주의 법칙을 탐구하며, 우리의 생각이 현실을 창조하는 방식을 깊이 이해하도록 도와줄 것입니다.

　이 책은 크게 세 부분으로 구성되어 있습니다. 먼저 1부는 애니 베전트와 리드비터가 함께 집필한 《생각의 에너지체(Thought-Forms)》를 번역한 내용입니다. 2부는 리드비터의 소책자 《생각 사용법(Power and Use of Thought)》을 번역한 내용이고 부록은 영지주의 신비가이자 스승인 아테쉴리스(다스칼로스)의 가르침을 통해 생각-에너지체에 대한 심층적인 통찰을 제공합니다.

각 부의 내용을 차례로 살펴보면, 1부에서는 리드비터와 애니 베전트가 투시력을 통해 관찰한 다양한 에너지체를 그림과 함께 설명함으로써 독자들이 자신의 생각과 감정을 시각적으로 이해할 수 있도록 돕습니다. 이어지는 2부는 《생각 사용법》이라는 제목에 걸맞게 생각이 우리 삶에 미치는 영향을 분석하며, 생각을 긍정적으로 활용해 잠재력을 극대화할 수 있는 방법들을 소개합니다. 이와 함께 마음 훈련의 중요성을 강조하며, 집중력 향상, 걱정과 두려움 극복, 감정 조절 등 실질적인 실천법 또한 다루고 있습니다.

부록인 "생각에 대한 다스칼로스의 가르침"에서는 보다 심화된 주제를 탐구합니다. 여기서는 습관과 중독이 형성되는 과정, 집단적 사고의 영향, 부정적 에너지체를 중화하는 방법, 그리고 환영과 생각의 세계와 같은 흥미로운 내용이 담겨 있습니다. 이와 함께 영적 성장과 생각의 신비한 능력을 깨우기 위한 구체적인 수행 방법도 제시됩니다.

이처럼 《마음 사용 설명서》는 생각의 힘을 깨닫고 이를 긍정적으로 활용하여 삶을 변화시키고자 하는 모든 이에게 훌륭한 지침서가 될 것입니다. 더불어 마음의 작동 원리를 이해하고 자신 안에 잠재된 가능성을 발견함으로써 더욱 풍요롭고 의미 있는 삶을 추구하려는 이들에게 이 책은 나침판과 같은 역할을 할 것입니다.

번역·편집자 남우현

C. W. 리드비터와 애니 베전트:
정신세계 탐구의 선구자들

19세기 말과 20세기 초, 인류는 물질적 발전과 더불어 영적 진리에 대한 갈망도 깊어져 갔습니다. 이 시기, 정신세계의 비밀을 탐구하며 큰 업적을 남긴 인물들 중 두드러지는 존재가 바로 C. W. 리드비터와 애니 베전트입니다.

찰스 웹스터 리드비터(1854~1934)는 영국 성공회의 사제로서 활동하던 중, 영적인 진리에 대한 강렬한 열망을 품고 신지학(神智學)의 세계로 들어섰습니다. 그의 영적 여정은 A. P. 시넷의 저서 《오컬트 월드(The Occult World)》를 통해 시작되었고, 신지학의 창립자인 H. P. 블라바츠키와의 만남을 계기로 결정적인 전환점을 맞이합니다. 그는 블라바츠키의 제자가 되어 신지학 협회의 비밀스러운 지도자인 '마스터 쿠투미[1]'와 연결됩니다. 이후 리드비터는 쿠투미로부터 전수받은 명상 기법으로 인해 영적 능력을 비약적으로 확장시켰

---

1. 쿠투미(Kuthumi)는 상승 마스터(Ascended Master)* 중 한 명으로, 인류의 영적 진화를 돕는 고도로 진화된 존재다. 그는 마하트마 모리아(Morya)와 함께 신지학 협회의 초기 설립자인 헬레나 블라바츠키(Helena Blavatsky)에게 가르침을 전달한 것으로 알려져 있으며, 이 가르침은 신지학의 핵심 교리를 형성하는 데 중요한 역할을 했다.

* 상승 마스터(Ascended Master)는 신지학, 뉴에이지 등의 영성 체계에서 등장하는 개념으로, 영적 진화의 최고 단계에 도달하고 물질계의 윤회에서 벗어난 존재들을 가리킨다. 그들은 인류의 영적 성장을 돕기 위해 물질계에 영향력을 행사하며, 지혜와 자비를 통해 인류를 인도하는 스승으로 여겨진다. 예수, 붓다, 세인트 저메인, 쿠투미, 모리아 등이 상승 마스터의 예로 언급된다.

으며, 그는 초감각적 투시력을 활용해 물질의 미세한 구성 요소와 인류의 과거 역사까지 통찰할 수 있게 되었습니다.

애니 베전트(1847~1933)는 작가이자 연설가, 사회 개혁가로 활동하며 신지학의 세계에서도 강렬한 빛을 남긴 인물입니다. 그녀는 H. P. 블라바츠키의 저서 《비밀의 교리(The Secret Doctrine)》에 깊이 매료되어 신지학자로서의 길을 걷기 시작했습니다. 이후 애니 베전트는 신지학의 가르침을 기반으로 인간의 정신적 진화와 사회적 변화를 이끄는 데 몰두했으며, 특히 인도에서는 영성과 여성 교육의 중요성을 알리는 데 큰 기여를 했습니다.

이 두 인물의 만남은 1894년으로 거슬러 올라갑니다. 리드비터와 베전트는 서로의 능력을 인정하며 협력 관계를 맺었고, 이는 그들의 신지학적 연구를 한층 심화시키는 계기가 되었습니다. 리드비터는 베전트가 투시력을 더 발전시킬 수 있도록 도왔으며, 두 사람은 협력하여 우주와 물질의 본질, 인간 의식과 생각의 에너지체를 연구했습니다. 투시력을 통해 그들은 생각과 감정이 인간의 오라(에너지 필드)에 독특한 색상과 형태의 패턴을 만든다는 것을 관찰해 냈습니다. 이후 리드비터와 베전트는 이러한 에너지체의 모습을 상세히 묘사했고, 이를 기반으로 58개의 아름다운 삽화가 제작되었습니다. 이 삽화들은 그들의 연구를 바탕으로 탄생했으며, 그 결과물은 1905년 첫 출간된 《생각의 에너지체(Thought-Forms)》에서 공개되었습니다.

생각의 에너지체는 인간의 생각과 감정이 단순한 심리적 현상을 넘어 실제로 에너지를 형성하고, 이는 색상과 모양으로 표현된다는 사실을 보여 줍니다. 이를 통해 개인은 자신의 생각과 감정이 외부에 어떤 영향을 미치는지, 그리고 그 과정이 정신적·영적 성장에 어떤 역할을 하는지를 시각적으로 이해할 수 있게 됩니다. 이러한 발견은 신지학이나 신비학의 관점을 넘어, 인간 내면에 대한 새로운 시각을 제시하며 자기 계발과 영적 성장을 탐구하는 데 중요한 지침이 되어 주었습니다.

또한, 리드비터는 이러한 연구를 바탕으로 1911년 소책자 《생각 사용법(Power and Use of Thought)》을 통해, 생각이 물리적 세계에 미치는 영향을 구체적으로 설명하고, 이를 활용해 개인의 잠재력을 극대화하는 방법을 제시했습니다. 그는 여러 저서들을 통해 '마음의 힘'을 활용하여 걱정이나 두려움 같은 부정적인 감정을 극복하고, 개인의 집중력을 증대시키며 궁극적으로 영적 성장을 이루는 실질적인 방법을 탐구했습니다.

리드비터와 베전트의 연구와 업적은 단지 그들 개인의 탐구에 머물지 않았습니다. 이는 당시 많은 사람들에게 정신세계의 무한한 가능성을 열어 주었으며, 현대 신비주의, 자기 계발, 심리학에 이르기까지 다양한 영역에 중요한 영향을 미쳤습니다. 특히 이 책 《마음 사용 설명서》의 1부 《생각의 에너지체(Thought-Forms)》와 2부 《생각 사용법(Power and Use of Thought)》은 그들의 관찰과 연구를 있는 그

대로 담고 있어, 그들이 발견한 진리를 왜곡 없이 접할 수 있는 기회를 제공합니다. 이를 통해 독자들은 자신의 정신적 능력을 발견하고, 생각이 현실을 창조하는 방식을 더욱 깊이 이해할 수 있을 것입니다. 리드비터와 베전트의 작업은 지금도 많은 이들에게 자기 변화와 영적 성장을 위한 영감을 선사하고 있습니다.

신지학: 우주의 진리를 탐구하는 여정

신지학(Theosophy)은 그리스어 'Theos'(신)와 'Sophia'(지혜)의 합성어로 '신성한 지혜'를 의미하는 철학적, 종교적 사상 체계입니다. 19세기 후반 헬레나 페트로브나 블라바츠키와 헨리 스틸 올컷, 윌리엄 퀸 저지가 1875년 뉴욕에서 신지학 협회를 설립하면서 본격적으로 체계화됩니다.

신지학은 우주와 인간의 본질적 진리를 탐구하는 것을 목적으로 하며, 인간의 일반적 인식 능력을 초월한 고차원적 관찰을 통해 다양한 종교와 철학에서 공통된 진리를 탐색합니다. 특히 힌두교와 불교 같은 동양의 종교적 지혜와 고대 이집트, 그리스, 로마의 신비주의 전통을 연구하고, 이를 현대적 맥락에서 재해석하려 노력했습니다. 이 사상은 우주와 인간의 본질을 이해하는 데 있어 매혹적인 관점을 제시하는데, 물질세계 너머의 보이지 않는 차원들과 그것들이 어떻게 상호작용 하는지에 대해 깊이 있는 통찰을 제공합니다. 특히 블라바츠키의 저서 《이집트 신의 숨겨진 진실(Isis Unveiled)》과 《비밀의 교리 (The Secret Doctrine)》는 이러한 고대의 지혜를 체계적으로 정리하여 현대인들에게 전달하는 데 큰 역할을 했습니다.

이러한 관찰을 바탕으로 한 신지학의 **첫 번째 핵심 원리는 일원론으로 우주가 근원적으로 하나의 본질로 연결되어 있다는 사상**입니다. 이는 모든 존재와 현상이 하나의 신성한 근원에서 비롯되었음을 의미합니다. 마치 다양한 색상의 빛이 프리즘을 통과하여 하나의 순수한 빛으로 합쳐지듯이, 우리 모두는 하나의 우주적 에너지에서 파생된 존재들입니다. 이 관점은 인간뿐만 아니라 동물, 식물, 광물 등 모든 생명체와 무생물까지도 보이지 않는 끈으로 이어져 있음을 깨닫게 해 줍니다. 이러한 우주적 일체성에 대한 인식은 우리가 서로를 이해하고 존중하며 조화롭게 공존하는 데 중요한 밑바탕이 됩니다. 또한 이는 종교, 인종, 문화의 경계를 넘어선 보편적 형제애를 실현하는 데 기여합니다.

둘째, 카르마와 윤회

신지학은 영혼이 여러 생을 거듭하며 진화한다는 윤회의 개념을 지지하며, 이 과정에서 카르마의 법칙이 작용한다고 믿습니다. 카르마는 우리의 행동이 미래의 결과를 결정한다는 인과의 법칙으로, 선한 행동은 긍정적인 결과를, 부정적인 행동은 어려움을 가져옵니다. 이는 단순한 도덕적 교훈을 넘어, 영혼의 성장과 학습을 위한 체계적인 과정으로 이해됩니다. 매 생에서 우리는 이전 생에서 배운 것들을 토대로 새로운 경험과 도전을 마주하며, 이를 통해 지혜와 깨달음을 쌓아 갑니다. 이러한 영혼의 진화 여정은 우리가 현재의 삶에서 겪는 모든 일이 의미 있고 목적이 있음을 깨닫게 해 주며, 자기 자신과 타인에 대한 이해와 연민을 심화시킵니다.

셋째, 내면의 신성 발견

신지학은 모든 인간이 잠재적으로 신성한 본질을 가지고 있으며, 이를 인식하고 계발하는 것이 인간의 궁극적인 목표라고 봅니다. 이를 위해 명상과 자기 탐구 같은 실천적 방법들이 권장되며, 이를 통해 우리는 자신의 내면을 탐구하고 더 높은 의식 상태에 도달할 수 있는 길을 찾습니다. 물질적 세계를 초월하는 이 여정은 개인의 영적 해방을 위한 기본 길잡이가 됩니다. 내면의 신성을 발견하는 과정은 자기 자신을 진정으로 이해하고 수용하는 여정이며, 이를 통해 우리는 삶의 목적과 방향성을 명확히 할 수 있습니다. 또한 개인의 영적 성장은 사회와 인류 전체의 의식 수준을 향상시키는 데 기여하며, 더 나은 세상을 만드는 데 중요한 역할을 합니다.

신지학은 단순한 철학이나 종교가 아닌, 우주와 인간, 그리고 존재의 의미에 대한 깊은 탐구입니다. 숨겨진 지혜를 찾아 떠나는 이 여정은 우리에게 삶의 본질과 목적에 대한 성찰을 제공합니다. 만약 여러분이 우주의 신비와 인간의 내면에 숨겨진 가능성에 대해 궁금하다면, 신지학의 세계관은 새로운 인사이트를 선사할 것입니다. 이 여정을 통해 자신과 세계에 대한 이해를 넓히고, 더 풍요로운 삶을 살아가기를 바랍니다.

신지학의 우주론과 우주의 계층 구조

　신지학의 관점에 따르면, 우주는 모든 존재와 밀접하게 연결된 복합적인 네트워크로 이루어져 있습니다. 이는 단순한 물리적 연결을 넘어, 영적 그리고 에너지적 차원의 심오한 상호작용을 포함합니다. 이러한 연결은 원자에서부터 은하에 이르기까지, 모든 존재가 동일한 우주적 생명력에 의해 움직이며 존재한다고 설명합니다. 이러한 시각은 우리가 우주를 단순히 관찰하는 자가 아니라, 그 진화 과정에 적극적으로 참여하는 존재임을 일깨워 줍니다. 우리가 품는 생각과 행동은 우주의 흐름에 직접적인 영향을 미치며, 우주의 운명에도 깊숙이 결부되어 있습니다.

　우주의 운행을 '거대한 호흡'으로 비유하는 신지학은, 우주가 만반타라(Manvantara)와 프랄라야(Pralaya)라는 두 가지 주기를 반복한다고 설명합니다. 만반타라는 우주가 활발히 작용하며 창조와 진화가 이루어지는 시기인 반면, 프랄라야는 우주가 휴식 상태로 돌아가는 시간입니다. 이는 낮과 밤처럼 끊임없이 돌아가며, 이러한 주기는 우주의 영원한 진화를 지속시킵니다.

시간에 대한 우리의 전통적인 이해는 과거에서 현재를 거쳐 미래로 흐르는 선형적인 것입니다. 그러나 신지학은 더 높은 차원에서 시간과 공간이 다른 방식으로 존재한다고 제안합니다. 이는 물질세계의 제약으로부터 벗어난 복잡한 구조로, 과거, 현재, 미래가 동시에 존재하는 개념을 내포합니다. 이러한 시간과 공간에 대한 관점은 현대 물리학의 시공간 상대성 이론과 흥미롭게도 맞닿아 있으며, 우리의 세계관을 확장시켜 새로운 인식을 제공합니다. 또한, 우주의 계층 구조라는 독특한 개념을 제시하는 신지학은 우주가 7개의 음으로 이루어진 음계와 같다고 설명합니다. 각기 다른 특징을 지닌 7개의 차원이 존재하며, 각 차원은 고유한 진동수와 에너지 패턴을 지니고 있습니다.

차원	내용	
아디계 Adi Plane	아디계는 우주의 근원적인 차원으로, 모든 존재의 시작이자 궁극적 실재의 근원입니다. 인간의 지성으로는 완전히 이해하기 어려운 절대적인 차원이며, 모든 현상의 근본적인 토대라고 할 수 있습니다.	절대계
모나드계 Monadic Plane	모나드계는 개별적인 의식의 근원이 존재하는 차원입니다. 신지학에서의 모나드는 높은 차원의 개별성을 나타내는 단위로, 각 모나드는 고유한 진동수와 목적을 지니고 있습니다. '영혼'이라는 용어와 완전히 동일하지는 않으며, 영혼의 더 높은 근원 또는 씨앗과 같은 개념으로 이해할 수 있습니다.	
아트믹계 Atmic Plane	아트믹계는 순수한 영적 의지와 힘의 차원입니다. '아트마'는 산스크리트어로 '진정한 자아' 또는 '영적 본질'을 의미하며, 영혼의 의지와 우주적 의지가 통합되는 영역입니다.	
붓디계 Buddhic Plane	붓디계는 직관, 지혜, 보편적 사랑이 충만한 차원입니다. 신성한 로고스의 사랑과 지혜가 표현되는 영역이며, 개별성과 통일성이 완벽한 조화를 이룹니다. 이곳에서 영혼은 우주적 진리와의 합일, 즉 높은 수준의 영적 지혜와 통합의 경험을 합니다.	

차원		내용	
정신계[2] Mental Plane	상위	상위 정신계는 추상적 사고, 영적 이념, 원형(archetype)의 세계입니다. 신성한 로고스의 능동적인 지성이 표현되는 영역이며, 영혼은 순수한 사고 형태로 존재하며 우주적 진리와 법칙을 이해합니다. '원인체(Causal Body)'는 영혼의 영원한 본체로서, 모든 경험과 지혜를 축적하는 저장소 역할을 하며 상위 정신계에 속합니다.	상대계
	하위	하위 정신계는 구체적인 사고, 논리, 추론 등 일상적인 사고 작용이 일어나는 영역입니다. '형상의 영역'이라고도 표현하며, 생각의 형태가 구체적으로 나타나는 곳입니다. 영혼은 '정신체(Mental Body)'를 통해 하위 정신계를 경험합니다	
심령계[3] Astral Plane		심령계는 감정과 욕망이 존재하는 차원으로, 물질계보다 미묘하고 유동적인 에너지로 이루어져 있습니다. "심령체"(Astral Body)는 영혼이 감정과 욕망을 담는 그릇이며, 영혼은 심령체를 통해 이 차원에서 자신을 표현하고 경험합니다. 인간이 잠을 자는 동안 꿈속이나 육체적 죽음 이후에 경험되는 세계입니다.	
물질계[4] Physical Plane		물질계는 인간의 감각 기관으로 인지하고 있는 세계로, 영혼이 다양한 경험을 통해 배우고 성장하는 학습의 장이며, 영적 진화를 위한 중요한 무대입니다. 영혼은 현재 우리가 경험하고 있는 육체(Dense Body)를 통해 물질계에서 자신을 표현하고 경험합니다.	

---

2. 정신계는 5차원계로 시간과 공간을 초월하는 우주이다.
3. 심령계는 4차원계로 공간을 초월하는 우주이다.
4. 물질계는 3차원계로 시간과 공간의 지배를 받는 우주이다.

1부
생각의 에너지체

원제: THOUGHT-FORMS

저자: 애니 베전트, 찰스 웹스터 리드비터

1. 머리말

  이 책은 리드비터 씨와 저의 공동 작업으로 쓰였습니다. 일부 내용은 이미 《루시퍼》(현재는 《Theosophical Review》)라는 잡지에 기사로 게재되었지만, 대부분은 새롭게 추가된 내용입니다. 리드비터 씨나 저 또는 우리 둘 다 함께 관찰한 생각-에너지체의 그림과 채색은 세 친구, 존 바알리 씨, 프린스 씨 그리고 맥팔레인 양이 그려 주셨는데, 이 세 분께 진심으로 감사드립니다. 다른 세계의 생생한 빛으로 이루어진 형태를 지구의 칙칙한 색상으로 칠하는 것은 힘들고 보람 없는 작업입니다. 그렇기 때문에 이 작업을 시도해 주신 분들께 더욱 감사드립니다. **생각의 에너지체를 표현하기 위해서 그들은 색상 있는 불이 필요했지만, 갈아 낸 흙밖에 없었습니다.** 또한, F. 블라이 본드 씨께 그의 '진동 그림'에 대한 에세이와 그의 정교한 그림 몇 점을 사용할 수 있도록 허락해 주신 것에 대해 감사드립니다. 몇 가지 메모와 그림을 보내 주신 또 다른 친구분은 익명을 요구하셔서, 저희도 비슷하게 익명으로 감사를 전할 뿐입니다.

저희는 이 책이 모든 독자에게 강렬한 도덕적 교훈을 주어, 자신의 생각의 본질과 힘을 깨닫게 하고, 고귀한 생각에는 자극을 주고, 저속한 생각에는 억제력을 주는 역할을 할 것이라고 간절히 바라고 또한 믿습니다. 이러한 믿음과 희망을 가지고 이 책을 세상에 내놓습니다.

애니 베전트 드림

2. 생각의 에너지체

생각-에너지체의 이해

　지식이 증가함에 따라, 과학이 보이지 않는 세계의 사물에 대해 취하는 태도는 상당한 변화를 겪고 있습니다. 과학의 관심은 더 이상 다양한 물체들로 가득 찬 지구나 그 주변의 물질적 세계에만 국한되지 않습니다. 과학은 자신의 도구로는 알 수 없는 영역 너머에 있는 물질과 힘의 본질에 대한 가설을 세우기 위해 더 멀리 시선을 돌릴 수밖에 없다는 것을 깨닫고 있습니다. 에테르[5]는 이제 과학 영역에 확고히 자리 잡았고, 가설 그 이상의 것이 되어 가고 있습니다. 최면술은 더 이상 배척당하지 않습니다. 라이헨바흐의 실험은 여전히 의심스러운 시선으로 바라보지만, 완전히 부정되지는 않습니다. 뢴트겐의 광선은 물질에 대한 기존의 생각을 일부 재정립했고, 라듐은 물질에 대

---

5. (역자 주) '에테르'(Ether)는 우주 공간에 충만한 미세한 물질로, 모든 생명체의 근원 에너지다. 육체적 감각으로는 지각할 수 없지만, 생명력, 프라나, 기 등 다양한 이름으로 불리며 인체를 비롯한 만물에 생기를 불어 넣고 있다. 모든 존재는 에테르 에너지로 연결되어 있으며 에테르 에너지는 생명현상과 치유의 과정에서 중요한 역할을 한다.

한 생각을 완전히 뒤엎었으며, 과학을 에테르의 경계를 넘어 심령계로 이끌고 있습니다. 생물과 무생물의 경계는 무너졌습니다. 자석은 아직 만족스럽게 설명되지 않은 방식으로 특정 질병을 옮기는 불가사의한 힘을 가진 것으로 밝혀졌습니다. 텔레파시, 투시력, 접촉 없는 물체 이동과 같은 현상들은 아직 과학계에서 공식적으로 인정받지 못하고 있습니다. 하지만 이들은 점점 신데렐라처럼 주목받고 있습니다.

사실 과학은 현재까지 자신이 가진 모든 지적 능력을 동원해 자연을 탐구하며 엄청난 인내심을 가지고 연구를 이어 왔습니다. 그 결과, 진리를 추구하는 사람에게 주어지는 보상을 받기 시작했습니다. 이제 과학은 자연의 한 단계 높은 차원의 힘과 존재들을 발견하기 시작했으며, 그것들이 물리적 세계의 가장자리에서 모습을 드러내고 있습니다.

"자연은 도약하지 않는다."라는 말이 있습니다. 물리학자가 자신의 영역의 경계에 다가설수록, 그는 당황하게 됩니다. 이는 다른 차원에서 오는 접촉과 빛이 그 과학자의 영역을 관통하기 때문입니다. 그는 틀림없는 물리적 현상에 대한 합리적인 설명을 찾기 위해서라도 보이지 않는 존재에 대해 생각할 수밖에 없으며, 자신도 모르게 경계를 넘어 심령계와 접촉하게 됩니다.[6]

---

6. (역자 주) 신지학과 시대를 같이한 1세대 양자물리학자인 베르너 하이젠베르크, 루이 드 브로이, 제임스 진스, 에르빈 슈뢰딩거, 볼프강 파울리, 막스 플랑크를 비롯한 양자물리학의 천재들도 미시계(보이지 않는 세계)에 관한 실험 결과를 이해하려 애쓰다가 신비주의에 빠져들었다. 양자물리학과 보이지 않는 세계와 관련한 이야기는 번역자가 집필한 《죽음 그 이후: 사후세계 설명서》 2장 사후세계를 여는 열쇠, 양자물리학에서 확인할 수 있다.

물리계에서 심령계로 이어지는 가장 흥미로운 길 중 하나는 생각을 연구하는 것입니다. 서양의 과학자들은 뇌의 해부학과 생리학을 시작으로, 이를 '건전한 심리학'의 기초로 삼으려고 노력합니다. 그런 다음 꿈, 환상, 환각의 영역으로 넘어갑니다. 그리고 이러한 것들을 분류하고 정리하려고 실험적 과학을 발전시키려 할 때, 과학자는 피할 수 없이 심령계에 접어들게 됩니다. 파리의 바라뒤크(Baraduc) 박사는 그 장벽을 거의 넘어섰으며, 심령-정신적 이미지들을 촬영하는 단계에 이르렀습니다. 즉, 유물론적 관점에서 본다면 뇌의 회백질에서 일어나는 진동의 결과물을 사진으로 찍는 단계에 근접한 것입니다.

자외선에 의해 우리가 평소에는 볼 수 없는 물체들의 흔적이 남는다는 사실은, 이 분야에 관심 있는 사람들에게는 이미 오래 전부터 알려진 사실입니다. 투시력자들은 때때로 자신들이 분명히 보았다고 묘사한 형상이 사진을 찍는 사람 옆에 있었다고 말하곤 했습니다. 비록 육안으로는 보이지 않았지만, 신기하게도 그 형체가 민감한 사진판에 나타나면서 그들의 능력이 사실로 드러나기도 했습니다. 객관적으로 생각해 볼 때, 신뢰할 만한 사람들이 직접 실험하고, 그것도 여러 번 반복해서 얻은 결과를 무조건 거짓이라고 무시할 수는 없을 것입니다.

이제 우리는 눈에 보이지 않는 미묘한 형태를 사진으로 담아내고자 특별한 방법들을 연구하고 개발하는 과학자들을 만나게 되었습니다. 이들은 이러한 이미지를 재현하기 위해 특별히 설계된 방법을 발명하고 있습니다. 그중에서 바라뒤크 박사가 가장 성공적인 것으로 보이며, 그는 자신의 연구 결과와 자신이 얻은 사진의 복제본을 담은 책을 출판했습니다. 바라뒤크 박사는 몸과 영혼 사이에서 작용하는 지능으로 정의된 영혼이 어떻게 자신을 표현하는지를 연구하고 있다고 밝힙니다. 이는 바늘을 이용하여 그 움직임을 기록하고, 민감한 판에 인상을 남겨 '빛나는' 그러나 보이지 않는 진동을 기록하는 방법을 사용하여 이루어집니다. 그는 비전도체로 전기와 열을 차단합니다. 그가 생명의 움직임으로 측정하는 생명의 측정(Biometry) 실험을 넘어, 그가 빛의 성질을 가진 것으로 여기는 보이지 않는 파동의 인상인 이미지 제작(Iconography) 실험으로 시선을 돌려 볼 수 있습니다. 이 과정에서 영혼은 자기 자신의 이미지를 그려 낸다고 바라뒤크 박사는 믿고 있습니다.

이러한 사진들 중 다수는 물리적 현상의 에테르적이고 자기적(magnetic)인 결과를 나타냅니다. 이러한 내용들은 우리의 특별한 주제와 직접적인 관련은 없지만, 그 자체로 흥미로운 내용입니다. 바라뒤크 박사는 어떤 물체를 강하게 생각함으로써 다양한 인상을 얻었고, 생각-에너지체에 의해 생성된 효과는 감광판에 나타났습니다. 예를 들어, 그는 죽은 여성의 초상화를 투사하려고 했고, 그녀의 임종 시 그렸던 그림에 대한 생각을 통해 인상을 만들어 냈습니다. 그는 올바르게도 어떤 대상을 창조하는 것은 마음에서 이미지가 나와 그것이 물질화되는 과정이라고 말합니다. 그는 이러한 생각으로 만들어진 그림이 은염에 미치는 화학적 효과를 연구했습니다.

몇 가지 흥미로운 예시가 있습니다:

간절한 기도는 바깥쪽으로 뻗어 나가는 힘의 형태로 나타납니다. 어떤 기도는 양치식물의 잎과 같은 형태로 나타납니다. 또 다른 기도는 거꾸로 쏟아지는 비와 같은 모습을 보입니다.

세 명의 사람들이 애정의 통일성을 생각할 때는 물결치는 직사각형 형태의 에너지가 투사됩니다. 어린 소년이 죽은 새를 슬퍼하며 애정을 표현할 때, 그의 주변에는 감정적 혼란의 곡선 형태로 얽힌 실들이 넘실거립니다. 깊은 슬픔의 감정은 강력한 소용돌이를 형성합니다.

이 매우 흥미롭고 시사점 있는 일련의 사진들을 보면, 여기서 포착된 것은 생각의 이미지가 아니라 그 진동이 에테르 물질에서 발생한 효과임을 알 수 있습니다. 이러한 결과를 이해하려면 생각을 투시력으로 보는 것이 필요하다는 것이 분명합니다. 사실, 그림들은 나타나는 이미지뿐만 아니라 직접적으로 보여 주지 않는 것에 대해서도 유익합니다.

바라뒤크 박사의 연구 결과를 학생들에게 더 명확하게 설명하기 위해, 자연에 존재하는 몇 가지 사실들을 제시하는 것이 유용할 것입니다. 물론 이 설명들은 불완전할 수밖에 없습니다. 왜냐하면 물리적 사진기와 감광판은 심령 연구를 위한 이상적인 도구가 아니기 때문입니다. 그러나 앞서 언급한 바와 같이, 이러한 연구는 투시 능력을 가진 연구와 물리과학적 연구 사이의 연결고리를 형성한다는 점에서 매우 흥미롭고 가치 있습니다.

현재 신지학회 외부의 관찰자들은 모든 생명체를 둘러싸고 있는 구름 같은 계란형 또는 오라의 색상 변화를 통해 감정 변화가 그 성질을 드러낸다는 사실에 관심을 가지고 있습니다. 이 주제에 대한 기사가 신지학회와 관련 없는 신문에 게재되고 있으며, 한 의료 전문가[7]는 다양한 유형과 기질을 가진 사람들의 오라 색상을 기록한 많은 사례를 수집했습니다. 그 결과는 투시 능력을 가진 신지학자들과 다른 사람들의 결과와 매우 유사합니다. 이 주제에 대한 이러한 전반적인 일치성은, 인간의 증언에 대한 일반적인 기준으로 판단했을 때, 그 사실을 충분히 입증할 수 있습니다. 그리고 오라의 일반적인 주제는 《영혼의 지도, 당신의 보이지 않는 진실》에서 다루었습니다.

현재의 이 《생각의 에너지체》는 앞서 언급한 책의 저자와 신지학 동료에 의해 쓰였으며, 그 주제를 더욱 깊이 탐구하고자 합니다. 이 연구는 학생들의 마음에 생각과 욕망의 힘과 살아 있는 본질을 생생하게 각인시키고, 그들이 접촉하는 모든 존재에 미치는 영향을 이해하는 데 유용할 것으로 믿어집니다.

---

7. 런던 W. 글로스터 플레이스의 후커 박사

생각-에너지체 표현의 어려움

우리는 생각이 물질이라는 말을 자주 들어 왔고, 우리 중 많은 이들이 이 말이 사실이라고 확신합니다. 하지만 생각이 어떤 종류의 물질인지에 대한 명확한 생각을 가진 사람은 거의 없으며, 이 책의 목적은 우리가 이것을 이해하도록 돕는 것입니다.

우리에게는 몇 가지 심각한 어려움이 있습니다. 우리의 공간 개념은 3차원으로 제한되어 있고, 그림을 그리려고 할 때 우리는 실질적으로 자신을 2차원으로 제한하기 때문입니다. 실제로 일반적인 3차원 물체의 표현조차도 심각하게 결함이 있습니다. 그림에서 선이나 각도가 거의 정확하게 표시되지 않기 때문입니다. 그림을 가로지르는 도로가 있는 경우 전경 부분은 실제로 너비가 변경되지 않았음에도 불구하고 배경 부분보다 훨씬 더 넓게 표시되어야 합니다. 집을 그려야 하는 경우 모서리의 직각은 예각 또는 둔각으로 표시되어야 하지만 실제로는 거의 그렇지 않습니다. 사실 우리는 모든 것을 있는 그대로가 아니라 보이는 그대로 그립니다. 예술가의 노력은 평평한 표면에 선을 교묘하게 배열하여 3차원 물체에 의해 만들어진 인상을 떠올리게 하는 인상을 눈에 전달하는 것입니다.

비슷한 물체가 그림을 보고 그것이 전달하는 제안을 받아들이는 사람들에게 이미 친숙하기 때문에 이것이 가능합니다. 나무를 본 적이 없는 사람은 가장 숙련된 그림에서도 나무에 대한 생각을 거의 형성할 수 없습니다. 이 어려움에 의식의 제한이라는 또 다른 훨씬 더 심각한 어려움을 추가하고, 우리 자신이 2차원만 아는 존재에게 그림을 보여 준다고 가정하면, 우리가 보는 것과 같은 풍경에 대한 적절한 인상을 그에게 전달하는 것이 얼마나 완전히 불가능할지 알 수 있습니다. 우리가 매우 단순한 생각-에너지체의 그림을 그리려고 할 때 바로 이 어려움이 가장 심각한 형태로 우리 앞을 가로막습니다. 그림을 보는 사람들의 대다수는 절대적으로 3차원의 의식으로 제한되어 있으며, 더 나아가 생각-에너지체가 속한 찬란한 빛과 색상으로 가득 찬 내면세계에 대한 개념이 전혀 없습니다. 우리가 기껏해야 할 수 있는 일은 생각-에너지체의 단면을 표현하는 것입니다. 그리고 원본을 볼 수 있는 능력이 있는 사람들은 그것의 어떤 재현에도 실망할 수밖에 없습니다. 그럼에도 불구하고 현재 아무것도 볼 수 없는 사람들은 적어도 부분적인 이해를 얻을 것이며, 아무리 부적절하더라도 적어도 없는 것보다 낫습니다.

모든 학생들은 인간의 오라가 서로 침투하는 고차원 몸체들의 구름 같은 물질의 바깥 부분이라는 것을 알고 있습니다. 이 오라는 서로 침투하는 몸체 중 가장 작은 물리적 몸체의 경계를 넘어 확장됩니다. 또한 이 몸들 중 정신체와 심령체(욕망체)[8]가 생각-에너지체라고 불리는 것의 출현과 밀접하게 연관된다는 것을 알고 있습니다. 하지만 이

---

8. (역자 주) 심령체와 정신체: 우리 인간의 몸은 시간과 공간의 지배를 받는 거친 육체(3차원의 신체), 공간을 초월하는 심령체(4차원의 신체), 시간과 공간을 초월하는 정신체(5차원의 신체)의 세 가지 신체로 구성되어 있다. 이 중 심령체는 인간의 감정과 욕망을 담는 몸이며, 정신체는 인간의 생각과 이성을 담당하는 몸이다.

미 신지학 가르침에 익숙한 학생들뿐만 아니라 모든 사람을 위해 문제를 명확히 하기 위해 주요 사실을 요약하는 것이 적절할 것입니다.

생각하는 존재인 인간은 정신계의 미묘한 물질의 무수한 조합으로 구성된 몸체를 입고 있습니다. 이 정신체의 구성과 기능의 조직화 정도는 인간 자신의 지적 발달 단계에 따라 달라집니다. 정신체는 매우 아름다운 대상으로, 그 입자들의 섬세함과 빠른 움직임은 살아 있는 무지갯빛 빛의 모습을 띕니다. 지성이 더욱 진화하고 순수하고 숭고한 주제에 주로 사용될수록 이 아름다움은 놀랍도록 빛나고 매혹적인 아름다움으로 변모합니다.

모든 생각은 정신체의 물질 속에서 상호 연관된 진동의 집합을 발생시킵니다. 이 진동은 마치 햇빛이 물보라에 비치는 것처럼 놀라운 색채의 연주를 동반하며, 색채와 생생한 섬세함을 최고 차원으로 끌어올립니다. 정신체는 이러한 자극 아래 자신의 진동하는 부분을 방출합니다. 이 부분은 마치 음악 음표에 반응하는 원반 위의 모래로 형상을 만드는 것처럼 진동의 본질에 의해 형성됩니다. 그리고 이 형상은 정신계의 에테르 원소[9]로부터 주변 대기의 유사한 미세한 물질을 모아들입니다. 결과적으로 우리는 순수하고 단순한 '생각-에너지체'

---

9. (역자 주) 에테르 원소(Elemental essence): 원문인 'Elemental essence'를 직역하면 '원소의 본질'이지만, 본문에서 의미하는 바는 신이 창조한 우주적 에너지의 일부로서 물질계에 투사되어 진화의 근본적 동력이 되는 원초적 생명력을 의미합니다. 이를 영지주의 신비가이며 스승인 아테쉴리스(다스칼로스)는 이 우주의 생명력을 '에테르 생명력'으로 정의하였고 본문 내용의 더 정확한 의미 전달을 위해 '에테르 원소'로 번역하였습니다.

를 얻게 됩니다. 이 생각의 에너지체는 자신을 생성한 하나의 생각에 의해 활성화된 강력한 활동성을 지닌 살아 있는 실체입니다. 만약 더 미세한 종류의 물질로 만들어진다면, 이 생각-에너지체는 강력하고 에너지 넘치는 힘을 가지게 되며, 강하고 확고한 의지에 의해 지휘될 때 가장 강력한 작용제로 사용될 수 있습니다. 이러한 사용의 구체적인 세부 사항은 추후에 다루겠습니다.

인간의 에너지가 외부의 욕망 대상으로 흘러 나가거나 정열적이고 감정적인 활동에 사용될 때, 이 에너지는 정신계보다 덜 미묘한 물질, 즉 심령계의 물질에서 작용합니다. 인간의 욕망체(심령체)라고 불리는 것은 이 물질로 구성되어 있으며, 진보가 늦은 인간의 오라에서 가장 두드러진 부분을 형성합니다. 만약 어떤 사람이 거친 성격을 가지고 있는 경우, 욕망체는 심령계의 더 조밀한 물질로 이루어져 있으며 색조가 칙칙하고 갈색, 더러운 녹색, 빨간색이 큰 부분을 차지합니다. 그의 욕망이 흥분됨에 따라 다양한 특징적인 색상이 번쩍입니다. 더 진보한 인간은 욕망체가 더 미세한 심령 물질로 구성되어 있으며, 색상이 잔물결처럼 흐르고 번쩍이며 색조가 곱고 맑습니다. 정신체만큼 섬세하고 빛나지는 않지만 아름다운 물체를 형성하며 이기심이 제거됨에 따라 모든 칙칙하고 무거운 색조가 사라집니다.

이 욕망체(심령체)는 심령계에만 국한되는 두 번째 부류의 생각-에너지체를 발생시킵니다. 욕망체의 생각-에너지체는 정신체에서 생성된 생각-에너지체와 유사하지만 동물적 본성 즉, 욕망에 지배된 정신에 의해 생성됩니다. 욕망체(심령체)의 생각-에너지체는 하위 정신이 심령체를 통해 외부로 발산되면서 발생합니다. 신지학 용어로는 '카마-마나스'[10]라고 하는데, 욕망에 지배되는 마음을 의미합니다. 이 경우 욕망체(심령체)에 진동이 유발되고 이러한 진동에 따라 이 욕망체는 자신의 일부를 진동하는 형태로 내보내게 됩니다. 앞의 경우에서와 마찬가지로, 이 방출된 부분은 진동의 특성에 따라 형태를 갖춥니다. 그리고 이것은 심령계의 적절한 에테르 원소를 자신에게 끌어당깁니다. 이런 생각-에너지체의 몸체는 에테르 원소로 구성되어 있고, 생명력을 불어 넣는 힘은 이를 발생시킨 욕망이나 열정이 됩니다. 이 욕망이나 열정에 결합된 정신 에너지의 양에 따라 생각-에너지체의 힘이 결정됩니다. 이런 생각-에너지체는 정신계에 속하는 것들과 마찬가지로 '인공 정령'이라고 불립니다. 그리고 일반 사람들의 생각은 욕망, 열정, 감정에서 벗어나는 일이 드물기 때문에 욕망체에 의해 생성되는 생각-에너지체들이 가장 흔하게 나타납니다.

생각의 두 가지 효과

각각의 명확한 생각은 두 가지 효과, 즉 방사되는 진동과 떠다니는 에너지체를 만들어 냅니다. 생각은 처음에 투시 능력이 있는 사람의

---

10. (역자 주) 카마-마나스(Kama-Manas): 우리의 일상적인 생각과 감정이 어떻게 상호작용 하는지를 설명하는 개념이다. 이는 욕망(카마)과 생각(마나스)이 결합된 것으로, 우리의 감정과 욕구에 영향을 받는 사고 과정을 의미한다. 주로 물질적 세계와 연결되어 있으며, 영적 성장을 위해서는 이를 넘어서야 한다고 여겨진다.

눈에 정신체 내의 진동으로 보이는데, 이 진동은 단순하거나 복잡할 수 있습니다. 만약 생각이 절대적으로 단순하다면, 오직 하나의 진동률만 존재하며 한 종류의 정신 물질만이 강하게 영향을 받게 됩니다. 여기서 정신체는 여러 밀도 수준의 물질로 구성되어 있으며, 우리는 이것을 보통 하위 영역에 따라 분류합니다. 각각의 하위 영역에는 많은 세부 구분이 있습니다. 만약 우리가 이러한 다양한 밀도의 수준을 수평선으로 표현한다면, 또 다른 배열 방식도 있습니다. 이 두 번째 배열은 수직선으로 표현할 수 있는데, 이는 밀도뿐만 아니라 질적으로도 다른 유형들을 나타냅니다.

정신 물질에는 이처럼 많은 종류가 있습니다. 각각의 정신 물질은 자신만의 특별하고 적절한 진동률을 가지고 있는데, 이는 정신 물질이 가장 익숙한 진동률입니다. 정신 물질은 이 고유한 진동률에 매우 쉽게 반응합니다. 만약 강력한 생각이나 감정의 흐름으로 인해 원래의 진동률에서 벗어나더라도 가능한 한 빨리 그 상태로 되돌아가려는 경향이 있습니다. 예를 들어, 갑작스러운 감정의 파도가 한 사람을 휩쓸 때, 그 사람의 심령체는 격렬한 동요 상태에 빠지게 됩니다. 이때 심령체의 원래 색상들은 일시적으로 거의 보이지 않게 되는데, 이는 특정 감정에 해당하는 진홍색, 청색, 또는 주홍색의 물결로 덮이기 때문입니다. 이러한 심령체의 변화는 일시적입니다. 변화는 몇 초 안에 사라지고, 심령체는 빠르게 원래의 상태로 돌아갑니다.

하지만 대부분의 인간의 생각은 결코 단순하지 않습니다. 물론 절대적으로 순수한 애정이 존재합니다. 하지만 우리는 인간의 생각이 자부심이나 이기심, 질투 또는 동물적 욕망으로 물든 것을 매우 자주 봅니다. 이것은 정신체와 심령체 모두에 적어도 두 개 이상의 별도의 진동이 나타난다는 것을 의미합니다. 실제로는 두 가지 이상인 경우가 많습니다. 따라서 방사되는 진동은 복합적인 것이 되고, 그 결과로 만들어지는 생각-에너지체는 한 가지 색상이 아닌 여러 가지 색상을 보여 주게 됩니다.

생각의 진동이 작동하는 법

이러한 방사하는 진동은 자연의 모든 것과 마찬가지로, 그 출처로부터의 거리가 멀어질수록 힘이 약해집니다. 그러나 이러한 변동은 제곱이 아닌 거리의 세제곱에 비례할 가능성이 높습니다. 이는 추가적인 차원이 관여하기 때문입니다. 또한, 모든 다른 진동과 마찬가지로, 이러한 진동은 기회가 제공될 때 자신을 재생산하려는 경향이 있습니다. 그래서 이 진동이 다른 정신체에 닿을 때, 그 정신체 안에서 자신과 동일한 운동률을 자극하려고 합니다. 즉, 이러한 파동에 의해 영향을 받는 사람의 입장에서 본다면, 영향을 받는 사람의 마음에서 그 생각을 처음 내보낸 파동에서 유래한 것과 유사한 유형의 생각이 생성됩니다.

그러한 생각-파동이 침투하는 거리와 다른 사람들의 정신체에 부덮히는 힘과 지속성은 원래 생각의 강도와 명확성에 달려 있습니다. 이러한 방식으로 생각하는 사람은 말하는 사람과 같은 위치에 있습니다. 후자의 목소리는 공기 중에서 진동 파동을 일으키며 그로부터 모든 방향으로 방사되어, 들을 수 있는 모든 사람에게 메시지를 전달합니다. 그 목소리가 전달할 수 있는 거리는 힘과 발음의 명확성에 달려 있습니다. 마찬가지로 강력한 생각은 약하고 불확실한 생각보다 훨씬 더 멀리 전달됩니다. 그러나 명확성과 확고함은 힘보다 더 중요합니다. 또한, 말하는 사람의 목소리가 이미 업무나 즐거움에 몰두하고 있는 사람들의 무심한 귀에 들리지 않는 것처럼, 강력한 생각의 물결도 누군가가 이미 다른 생각에 깊이 몰두하고 있다면 그의 마음에 영향을 미치지 않고 지나갈 수 있습니다.

이 방사되는 진동은 생각의 주제가 아니라 특성을 전달한다는 것을 이해해야 합니다. 힌두교도가 크리슈나에 대한 신앙심에 몰두해 있다면 그에게서 쏟아져 나오는 감정의 파동은 그 영향을 받는 모든 사람에게 신앙적인 감정을 자극합니다. 무슬림의 경우 그 신앙심은 알라에게, 조로아스터교도의 경우 아후라마즈다에게, 그리스도교의 경우 예수에게 하는 것입니다. 어떤 고차원적인 주제에 대해 예리하게 생각하는 사람은 자신에게서 다른 사람들의 비슷한 수준의 생각을 자극하는 경향이 있는 진동을 쏟아 내지만, 그러한 진동은 다른 사람들에게 자신의 생각의 특정 주제를 전혀 암시하지 않습니다. 이러한 생각-에너지체들은 이미 비슷한 종류의 진동에 익숙한 정신들에게 특히 강하게 작용합니다. 하지만, 이것들은 접촉하는 모든 정신체에 어느 정도 영향을 미치기 때문에, 아직 고차원적인 생각을 하는 습관이 없는 사람들에게도 그러한 능력을 일깨워 주는 경향이 있습니다. 따라서, 고차원적인 생각을 하는 사람은, 자신이 전혀 의식하지 못하더라도, 주변 사람들에게 긍정적인 영향을 미치고 있는 셈입니다.

생각의 형태와 그 효과

이제 생각의 두 번째 효과인 명확한 형태의 창조로 넘어갑시다. 모든 신비학 학생들은 에테르 원소의 개념에 익숙합니다. 에테르 원소는 우리를 모든 방향에서 둘러싸고 있는, 다소 지능적인 생명체입니다. 이 에테르 원소는 정신계와 심령계의 물질에 생명을 불어 넣습니다. 이렇게 살아 움직이는 물질은 인간의 생각의 영향을 매우 잘 받아들입니다.

사람의 정신체나 심령체에서 발산되는 모든 충동은 즉시 이 에테르 원소로 일시적인 몸체를 형성합니다. 이런 생각이나 충동은 그 시간 동안 일종의 살아 있는 존재가 됩니다. 여기서 생각의 힘은 영혼에 해당하고, 생명을 부여받은 물질은 몸체에 해당합니다. 신지학 저술가들은 "에테르 원소계 중 하나의 단계에서 모나드 원소에 의해 영혼이 부여된 심령계 또는 정신계의 물질"이라는 다소 어색한 표현 대신, 간결함을 위해 이 활력 있는 물질을 간단히 에테르 원소(elemental essence)라고 부릅니다. 그리고 때때로 그들은 생각-에너지체를 '정령(elemental)'이라고 부릅니다. 그러한 정령 또는 생각-에너지체의 색상과 모양에는 무한한 다양성이 있을 수 있는데, 왜냐하면 각 생각은 자신의 표현에 적합한 물질을 끌어들이고 그 물질을 자신의 것과 조화롭게 진동시키기 때문입니다. 따라서 생각의 특성이 색상을 결정하며, 그 변화와 조합에 대한 연구는 매우 흥미로운 것입니다.

이 생각-에너지체는 라이덴병에 비유할 수 있습니다. 살아 있는 에테르 원소의 껍질은 병으로 상징되고, 생각 에너지는 전하로 상징됩니다. 사람의 생각이나 감정이 다른 누군가와 직접적으로 연결되어 있다면, 결과적인 생각-에너지체는 그 사람을 향해 이동하여 그의 심령체와 정신체에 방전됩니다. 사람의 생각이 자신에 관한 것이거나 대다수의 생각이 그렇듯이 개인적인 감정에 기반한 것이라면, 생각-에너지체는 자신을 만들어 낸 창조자 주위를 맴돌며 그가 잠시라도 수동적인 상태에 있을 때마다 그에게 반응할 준비가 되어 있습니다.

예를 들어, 불순한 생각에 빠진 사람은 일상적인 업무에 몰두하는 동안 그 생각을 잊어버릴 수 있습니다. 그러나 그 결과로 형성된 생각-에너지체들이 무거운 구름처럼 그 주위를 맴돌고 있습니다. 이는 그의 주의가 다른 곳에 집중되어 있고, 그의 심령체가 자신의 진동 주파수 외의 다른 주파수에는 영향을 받지 않기 때문입니다. 그러나 명확한 생각을 하지 않고 휴식을 취할 때, 그 사람은 불순한 진동이 은밀하게 다가오는 것을 느끼기 쉽습니다. 만약 그 사람의 의식이 어느 정도 깨어 있다면, 그는 생각-에너지체를 감지하고 "자신이 악마의 유혹을 받고 있다."라고 외칠 수도 있습니다. 하지만 실제로 그 유혹은 겉보기와는 달리 외부에 있는 것이 아니라, 자신이 만든 생각-에너지체에 자연스럽게 반응하는 것일 뿐입니다.

인간은 이 생각-에너지체를 통해 세상을 바라보기에, 자연히 모든 것은 생각-에너지체의 지배적인 색조로 물들어 보이며, 외부에서 오는 모든 진동은 생각-에너지체의 진동에 의해 수정됩니다. 그래서 인간은 누구나 자신이 습관적으로 생각한 에너지체들에 둘러싸여 스스로 만든 감옥 속에서 세상을 여행하고 있습니다. 따라서 사람이 생각과 감정을 완전히 통제할 줄 모른다면 마치 왜곡된 색조 안경을 쓴 것같이 사물이나 현상들을 있는 그대로 볼 수 없는 것입니다.

생각-에너지체가 명확하게 개인적이지 않거나 특별히 다른 사람을 겨냥하지 않는 경우, 그 생각-에너지체는 단순히 대기 중에 떠 있게 됩니다. 이 상태에서 그 생각-에너지체는 창조자가 처음 발산한 것과 유사한 진동을 계속 방출합니다. 이 생각-에너지체가 어떤 다른 정신체와 접촉하지 않으면, 방출되는 진동은 점차 에너지원이 소진됩니다. 이런 경우, 그 형태는 결국 조각나고 말게 됩니다. 그러나 만약 그것이 주변의 어떤 정신체에서 공감하는 진동을 일으키는 데 성공한다면, 끌어당김이 발생하고 이 생각-에너지체는 보통 그 정신체에 흡수됩니다.

이러한 과정에서 우리는 생각-에너지체의 영향력이 원래 진동의 영향력만큼 광범위하지 않다는 것을 알 수 있습니다. 그러나 생각-에너지체가 작용하는 한, 그 작용은 훨씬 더 정밀하게 이루어집니다. 그것이 영향을 미치는 마음-몸(mind-body) 속에서 만들어 내는 것은 단순히 그것을 생성한 것과 유사한 수준의 생각이 아니라, 사실상 같은 생각입니다. 방사된 생각 진동은 수천 개의 마음에 영향을 미치고, 이들에게 원래와 동일한 수준의 생각을 불러일으킬 수 있지만, 이러한 사람들 중 아무도 원래의 생각과 동일하지 않을 수도 있습니다. 그러나 생각-에너지체는 아주 적은 수의 사람만 영향을 줄 수 있지만, 그 소수의 경우에는 최초의 생각을 정확히 재현합니다.

진동에 의해 기하학적 또는 다른 뚜렷한 형태가 생성된다는 사실은 이미 음향학을 연구하는 모든 학생들에게 친숙하며, '클라드니의 음향판'은 모든 물리 실험실에서 계속해서 재현됩니다.

그림 1. 클라드니의 음향판

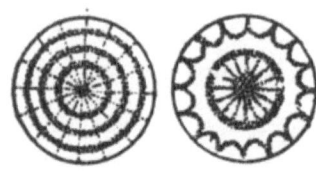  

그림 2. 소리에 의해 생성된 형상

일반 독자에게는 다음의 간단한 설명이 유용할 수 있습니다. 클라드니의 음향판(그림 1)은 황동이나 유리판으로 만들어집니다. 그 표면에 고운 모래나 포자가 흩뿌려지고, 판의 가장자리는 휘어져 있습니다. 판의 진동에 의해 소리가 발생하며, 모래는 공중으로 튕겨 올라갔다가 다시 떨어질 때 규칙적인 선으로 배열됩니다(그림 2). 판의 가장자리를 다양한 지점에서 터치하면 서로 다른 음이 생성되며, 따라서 다양한 형태가 만들어집니다(그림 3).

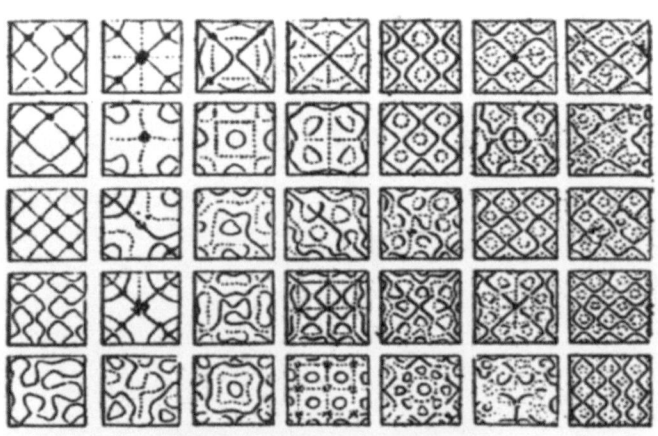

그림 3. 소리에 의해 생성된 형상

여기 제시된 도형들을 사람의 음성에서 얻은 도형들과 비교하면 많은 유사점을 관찰할 수 있습니다. 이러한 '음성 형태[11]'는 미세하게 연구되고 그림으로 표현된 Mrs. 와츠 휴즈의 연구를 통해 확인할 수 있으며, 그녀의 관련 저작물은 모든 학습자에게 필수적으로 비치되어야 합니다. 그런데, 이렇게 그려지는 형태들이 사실은 그것을 만들어 내는 진동들의 상호작용으로 인해 생겨난다는 것을 아는 사람은 많지 않을 것입니다.

또한, 두 개 이상의 동시에 움직이는 운동을 진자에 전달할 수 있는 기계가 존재한다는 점도 강조해야 합니다. 이 기계에 미세한 드로잉 펜을 연결하면 진자의 움직임을 정확히 추적할 수 있습니다. 진자의 흔들림을 정신체나 심령체에서 발생하는 진동으로 대체하면, 우리는 진동에 의해 형태가 만들어지는 과정의 작동 방식을 명확히 이해할 수 있습니다.

다음 설명은 F. 블라이 본드(F. Bligh Bond)의 흥미로운 에세이 《진동 도형》에서 발췌한 내용입니다. 그는 진자를 사용하여 여러 가지 주목할 만한 도형을 만들어 냈습니다. 이러한 진자 네 개를 쌍으로 연결하여, 각 쌍의 진자 축을 가벼우면서도 단단한 나무판의 양 끝과 연결하는 실을 사용하여 서로 직각으로 움직이도록 할 수 있습니다. 진자는 경화된 강철 칼날 위에 매달려 있으며, 칼날 지지대에 직각으

---

11. 에이도폰 음성 수치. 마가렛 와츠 휴즈.

로만 움직일 수 있습니다. 이러한 진자 네 개를 쌍으로 연결하여, 각 쌍의 진자 축을 가벼우면서도 단단한 나무판의 양 끝과 연결하는 실을 사용하여 서로 직각으로 움직이도록 할 수 있습니다. 나무판 중앙에서는 다른 실들이 뻗어 나와 각 쌍의 진자의 결합된 움직임을 스프링에 매달린 가벼운 나무 조각으로 전달합니다. 이 나무 조각에는 펜이 달려 있습니다. 따라서 펜은 네 개의 진자의 결합된 움직임에 의해 제어되며, 이 움직임은 펜에 의해 도면판에 기록됩니다. 이론적으로는 이러한 방식으로 결합할 수 있는 진자의 수에 제한이 없습니다. 움직임은 직선적이지만, 서로 직각으로 작용하는 진폭이 같은 두 개의 직선 진동은 정확하게 번갈아 가며 발생하면 원을, 번갈아 가는 것이 덜 규칙적이거나 진폭이 같지 않으면 타원을 생성합니다. 또한 회전 경로에서 자유롭게 움직이는 진자로부터도 순환 진동을 얻을 수 있습니다.

이러한 방식으로 매우 놀라운 일련의 그림이 얻어졌으며 이것들이 일부는 생각-에너지체와 유사하다는 것은 주목할 만합니다. 이 결과들은 진동이 얼마나 쉽게 그림으로 변환될 수 있는지 보여 주기에 충분합니다. 예를 들어, 그림 4와 그림 12(어머니의 기도)를 비교해 보십시오. 또는 그림 5와 그림 10, 그림 6과 그림 25(뱀처럼 움직이는 형태)를 비교해 보십시오. 그림 7은 복잡성을 나타내는 예시로 추가되었습니다.

그림 4. 진자로 생성된 그림

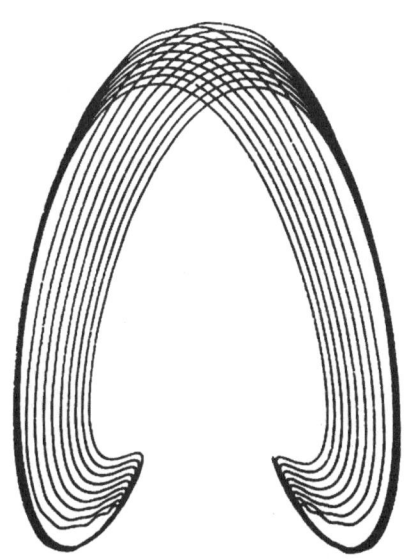

그림 5. 진자로 생성된 그림

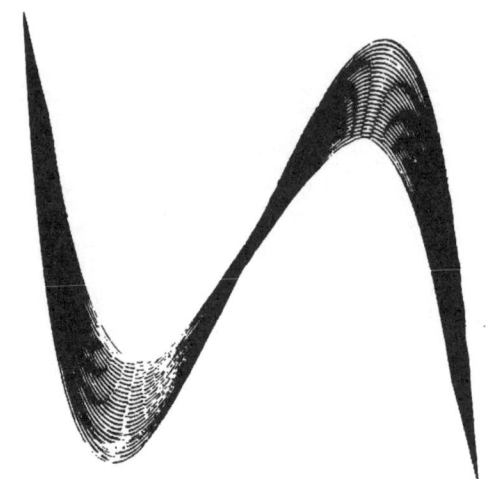

그림 6. 진자로 생성된 그림

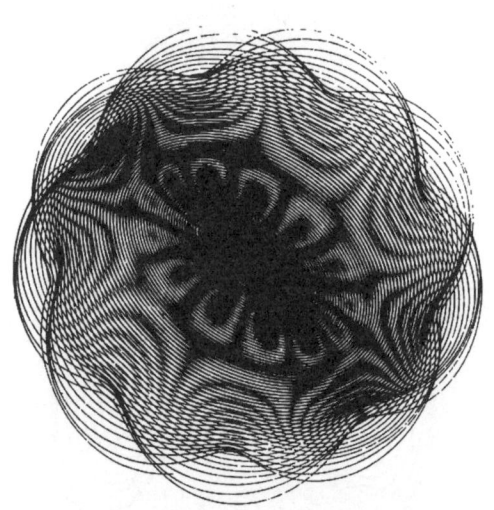

그림 7. 진자로 생성된 그림

이 기계를 사용하여 겉으로는 무작위로 만들어진 일부 도면들이 명상 중에 생성된 높은 유형의 생각-에너지체와 정확히 일치하는 것은 매우 경이로운 일입니다. 이 사실 뒤에는 많은 의미가 숨겨져 있다고 확신합니다. 그러나 우리가 그 의미를 확실히 알기 위해서는 더 많은 연구가 필요할 것입니다. 하지만 이것이 반드시 함축하고 있는 바는 다음과 같습니다. 육체적 영역에서 특정 비율을 가진 두 힘이 복잡한 생각에 의해 정신계에서 만들어진 형태와 정확히 일치하는 형태를 그릴 수 있다면, 우리는 그 생각이 자신의 영역에서 동일한 비율을 가진 두 힘을 움직이게 한다고 추론할 수 있습니다. 이러한 힘이 무엇인지, 그리고 어떻게 작용하는지는 앞으로 밝혀져야 할 것입니다. 그러나 만약 이 문제를 해결할 수 있다면, 우리에게 새로운 매우 귀중한 지식의 분야가 열릴 가능성이 큽니다.

일반 원칙

모든 생각-에너지체의 생성에는 세 가지 일반 원칙이 있습니다.

1. 생각의 질이 색상을 결정한다.
2. 생각의 성격이 형태를 결정한다.
3. 생각의 명확성이 윤곽의 선명도를 결정한다.

생각의 색상들의 의미

그림1의 색상별 의미 표[12]는 《영혼의 지도, 당신의 보이지 않는 진실》이라는 책에 이미 자세히 설명되어 있습니다. 색상에 부여된 의미는 생각-에너지체가 진화하는 몸에서와 똑같습니다. 방금 언급한 책에 나와 있는 전체 설명을 접하지 못한 사람들을 위해 검은색은 증오와 악의를 의미한다는 것을 언급하는 것이 좋겠습니다. 짙은 벽돌색부터 선명한 주홍색까지 모든 색조의 빨간색은 분노를 나타냅니다. 잔혹한 분노는 짙은 갈색 구름에서 짙은 붉은색 섬광으로 나타나는 반면, '고귀한 분노'의 분노는 결코 아름답지 않지만 불쾌한 전율을 주는 선명한 주홍색입니다. 용의 피라고 불리는 것과 거의 같은 색인 특히 어둡고 불쾌한 빨간색은 다양한 종류의 동물적 욕망과 관능적 욕망을 보여 줍니다.

맑은 갈색(거의 번트시에나)은 탐욕을 나타냅니다. 칙칙하고 둔한 갈색-회색은 이기심의 표시입니다. 실로 고통스러울 정도로 흔한 색상입니다.

짙고 무거운 회색은 우울증을 의미하는 반면, 창백한 회색은 두려움과 관련이 있습니다. 회색-녹색은 속임수의 신호인 반면 갈색-녹색(보통 주홍색 점과 섬광이 섞여 있음)은 질투를 나타냅니다.

---

12. 그림 1은 이 책 뒷부분의 '컬러 도판 모음'에서 확인할 수 있다.

녹색은 항상 적응성을 나타냅니다. 가장 낮은 단계에서 이기심과 섞일 때, 이 적응성은 기만으로 변질됩니다. 더 진화된 단계에서 색상이 순수해질수록, 이는 모든 사람에게 모든 것이 되고자 하는 욕구를 의미합니다. 비록 그것이 주로 대중적 인기와 좋은 평판을 얻기 위한 것일지라도 말입니다. 더욱 높고 섬세하며 빛나는 측면에서, 녹색은 신성한 동정심의 힘을 보여 줍니다.

애정은 진홍색과 장미색의 모든 색조로 표현됩니다. 완전하고 맑은 카민은 정상적인 유형의 강하고 건강한 애정을 의미합니다. 갈색-회색으로 심하게 얼룩진 경우 이기적이고 욕심 많은 감정이 나타나는 반면, 순수하고 옅은 장미색은 고귀한 본성에서만 가능한 절대적으로 이타적인 사랑을 나타냅니다. 그것은 동물적 사랑의 칙칙한 진홍색에서 새벽의 초기 홍조처럼 가장 절묘한 섬세한 장미색으로 변합니다. 사랑이 모든 이기적인 요소에서 정화되고 더 넓고 넓은 관대한 비인격적 부드러움과 연민의 원으로 흘러나와 도움이 필요한 모든 사람에게 전달됩니다. 헌신의 파란색이 가미되면 이것은 인류의 보편적 형제애에 대한 강한 깨달음을 표현할 수 있습니다.

짙은 주황색은 자존심이나 야망을 의미하며 다양한 노란색 음영은 지성 또는 지적 만족을 나타냅니다. 칙칙한 노란색 황토빛은 이러한 능력이 이기적인 목적을 향할 때를 암시합니다. 반면 선명한 황금빛을 띠는 주황색은 앞서 언급된 탁한 황토색보다 더 높은 수준의 지성을 나타냅니다. 그리고 은은하게 빛나는 옅은 노란색은 지적 능력을 가장 고귀하고 이타적으로 사용하는 것을 의미합니다. 이는 순수한 이성을 영적인 목표에 쏟는 것을 뜻합니다.

각기 다른 색조의 파란색은 모두 종교적인 감정을 나타냅니다. 이 파란색 색조는 이기적인 신앙심을 나타내는 어두운 갈색-파랑부터 공포가 섞인 주술 숭배의 흐릿한 회색-파랑까지 다양한 색조를 가집니다. 진정한 경배의 마음을 담은 깊고 선명한 색상이나, 자기희생과 신성과의 하나됨을 의미하는 아름다운 옅은 하늘색까지 다양합니다. 이타적인 마음의 헌신적 생각은 마치 여름 하늘의 짙은 파란색처럼 매우 아름답습니다. 이러한 파란색 구름 사이로는 때때로 큰 광채를 발하는 황금빛 별들이 반짝이듯 위로 솟아오르기도 합니다. 애정과 헌신의 혼합은 보라색 색조로 나타나며 이 색상의 더 섬세한 음영은 항상 높고 아름다운 이상을 흡수하고 반응하는 능력을 보여 줍니다. 색상의 밝기와 깊이는 일반적으로 감정의 강도와 활동성을 측정하는 지표입니다.

다른 한 가지 잊지 말아야 할 고려 사항은 이러한 생각-에너지체가 형성되는 동안 사용되는 물질의 유형입니다. 만약 생각이 순전히 지적이고 비인격적이라면, 예를 들어 어떤 생각하는 사람이 대수학이나 기하학 문제를 풀려고 한다면, 생각-에너지체와 진동의 파동은 전적으로 정신계에만 국한됩니다. 그러나 만일 그 생각이 영적인 성격을 띠며, 사랑 혹은 열망, 혹은 깊은 이타적 감정으로 물들어 있다면, 이러한 생각-에너지체는 정신계로부터 위로 상승하여 붓디계의 많은 광휘와 영광을 빌리게 됩니다. 이러한 경우, 이 생각의 영향력은 매우 강력하게 작용합니다. 그리고 이러한 생각은 그 자체로 선(good)을 이루는 거대한 힘이 되며, 반응할 수 있는 어떠한 자질이라도 포함하고 있는 주변의 모든 정신체에 뚜렷한 영향을 미칠 수밖에 없습니다.

반면, 생각에 자아나 개인적인 욕망이 포함되어 있다면, 그 진동은 즉시 아래로 향하게 되고, 정신 물질로 이루어진 외형 외에 추가적으로 심령 물질로 이루어진 몸체를 끌어들이게 됩니다. 이러한 생각-에너지체는 다른 사람들의 심령체뿐만 아니라 정신에도 작용할 수 있는 능력을 지니게 됩니다. 따라서 이러한 생각-에너지체는 그들에게 생각을 일으킬 뿐만 아니라, 그들의 감정을 자극할 수도 있습니다.

생각-에너지체의 세 가지 분류법

생각이 만들어 내는 에너지체의 관점에서 우리는 생각을 세 가지 범주로 나눌 수 있습니다.

1) 생각하는 사람의 이미지를 취하는 것

어떤 사람이 자신을 먼 장소에 있다고 생각하거나, 그곳에 간절히 있기를 원하는 경우, 그는 자신의 이미지로 된 생각-에너지체를 만들어 그 장소에 나타나게 합니다. 이러한 형태는 다른 사람들이 자주 목격할 수 있으며, 때때로 그 사람의 심령체 또는 유령으로 오인되기도 합니다. 이 경우, 보는 사람은 그 심령체의 형태를 관찰할 수 있을 만큼 충분한 투시력을 가지고 있어야 하거나, 해당 생각-에너지체가 자신을 물질화할 수 있을 만큼 충분한 힘을 가져야 합니다. 즉, 특정량의 물질을 자신의 주위로 일시적으로 끌어모을 수 있어야 합니다. 이런 형태를 생성하는 생각은 반드시 강력해야 하며, 따라서 정신체의 많은 부분을 사용합니다. 그래서 이 에너지체는 생각하는 사람으로부터 나올 때에는 작고 압축되어 있지만, 목적지에 도착하기 전에 상당량의 심령 물질을 끌어모으고 보통 실물 크기로 확장됩니다.

2) 어떤 물질적 대상의 이미지를 취하는 것

어떤 사람이 친구를 생각할 때, 그는 자신의 정신체 안에 그 친구의 미세한 이미지를 형성하며, 이 이미지는 종종 바깥으로 나가서 그의 앞 공중에 떠 있는 경우가 많습니다. 같은 방식으로, 그가 방, 집, 풍경 등을 생각할 경우, 이러한 것들의 작은 이미지가 정신체 안에 형성된 후 외부로 드러납니다.

이는 그가 상상력을 발휘할 때에도 마찬가지입니다. 화가는 미래의 그림에 대한 구상을 할 때, 자신의 정신체의 물질로 그것을 구축하고, 이를 자신의 앞 공간으로 투사하여 마음의 눈에 담고 복사합니다. 소설가 역시 같은 방법으로 자신의 등장인물의 이미지를 정신 물질로 구축하고, 의지를 발휘하여 이러한 꼭두각시들을 한 위치나 배열에서 다른 위치로 이동시킵니다. 이렇게 하여 그의 이야기의 줄거리가 문자 그대로 그 앞에서 연기됩니다.

우리의 호기심 어린 뒤틀린 현실 개념으로 인해, 이러한 정신 이미지가 실제로 존재한다는 것을 이해하기 어렵습니다. 이들은 완전히 객관적이어서 투시자에 의해 쉽게 볼 수 있고, 심지어 그 창조자 외의 다른 누군가에 의해 재배열될 수 있습니다. 일부 소설가는 이러한 과정에 대해 흐릿하게 인식하고 있었으며, 그들은 자신이 창조한 등장인물들이 한번 만들어진 후 스스로 의지를 발달시켜, 원래 저자가 의도한 것과는 전혀 다른 방향으로 이야기를 진행하려 한다고 증언했습니다.

이러한 일이 실제로 발생한 경우도 있으며, 이는 때때로 자연 정령에 의해 생명이 부여된 생각-에너지체 때문이거나, 더 자주는 심령계에서 동료 작가의 계획이 발전하는 것을 지켜보던 어떤 '죽은' 소설가

가 그것을 개선할 수 있다고 생각하고 자신의 제안을 내놓기 위해 이 방법을 선택했기 때문입니다

3) 자신만의 고유한 형태를 취하는 것

세번째 유형은 전적으로 고유의 형태를 가지며 자신의 본질적인 특성을 표현합니다. 이 유형의 생각-에너지체만이 그림으로 표현할 가치가 있습니다. 왜냐하면 첫 번째나 두 번째 유형의 생각-에너지체를 그린다는 것은, 그냥 초상화나 풍경화를 그리는 것과 다를 바 없기 때문입니다. 그러한 유형들에서는 물질계의 형태를 본떠서 만들어진, 변형이 가능한 정신적 혹은 심령적 물질을 보게 됩니다. 반면 이 세 번째 유형에서는 심령계나 정신계에 본래 존재하는 형태들을 엿볼 수 있습니다. 하지만 바로 이 점이, 이러한 생각-에너지체들을 그토록 흥미롭게 만드는 동시에, 정확하게 그려 내는 것을 불가능하게 만드는 넘을 수 없는 벽이 됩니다.

이 세 번째 유형의 생각-에너지체는 대부분 심령계에 나타납니다. 왜냐하면 대다수가 생각뿐만 아니라 감정의 표현이기 때문입니다. 여기서 우리가 제시하는 예들은 거의 전적으로 이 유형에 속합니다. 다만, 오랜 수행을 통해 생각하는 방법을 배운 사람들이 명확한 명상 속에서 창조하는 아름다운 생각-에너지체의 몇 가지 예를 제외하고는 말입니다.

생각-에너지체의 투사

특정 개인을 향해 발산된 생각-에너지체는 수신받는 사람의 오라에 생각-에너지체가 부분적으로 재현되어 그 사람의 전체적인 상태(총합적인 결과)를 강화할 수 있습니다. 반대로 생각-에너지체가 수신받는 사람의 오라에 의해 거부되어 반발될 수도 있습니다. 예를 들어, 누군가를 사랑하며 그를 보호하고자 하는 생각을 강하게 발산되면, 이는 특정한 형태의 생각-에너지체를 만들어 냅니다. 이 에너지체는 대상이 되는 사람에게로 이동해, 그 사람의 오라 속에 보호자와 방어자로서 머무르게 됩니다. 이 생각-에너지체는 그 사람에게 봉사하거나 그를 방어할 수 있는 모든 기회를 찾아내고 이를 수행하려 합니다. 이는 의도적으로 계획된 행동이 아니라, 자신에게 주어진 충동(impulse)을 반사적으로 따라감으로써 이루어집니다. 이러한 에너지체는 수신받는 사람의 오라에 영향을 미치는 우호적인 에너지를 강화하며, 비우호적인 에너지를 약화시킵니다. 따라서 우리의 사랑하는 사람들 주위에 참된 수호천사를 만들어 낼 수 있고, 이를 유지할 수 있습니다. 예를 들어, 많은 어머니들이 멀리 떨어져 있는 자녀를 위해 기도할 경우 그 기도는 자녀의 주위에서 맴돌게 됩니다. 어머니 자신은 자신의 기도가 어떻게 응답받는지 그 과정을 알지 못할 수도 있지만, 바로 이러한 방식으로 그 기도가 응답되고 있는 것입니다.

선하거나 악한 생각이 특정 사람에게 투사되는 경우, 그 생각이 직접적으로 임무를 완수하려면 보내진 대상의 오라에 그 생각의 진동에 공명할 수 있는 물질이 있어야 합니다. 어떤 물질의 조합이든 특정 한계 내에서만 진동할 수 있으며, 생각-에너지체가 오라가 진동할 수 있는 한계를 초과한다면, 그 오라에 전혀 영향을 미칠 수 없습니다. 결과적으로 그 생각-에너지체는 그 오라에서 튕겨 나가며, 튕겨 나갈 때의 힘은 그것이 부딪혔을 때의 에너지에 비례합니다.

이것이 순수한 마음이 어떤 적대적인 공격으로부터도 최고의 보호막이라고 하는 이유입니다. 순수한 마음은 미세하고 섬세한 물질로 심령체와 정신체를 구성하기 때문에, 조잡하고 밀도 높은 물질을 요구하는 진동에 반응하지 않기 때문입니다.

악의적인 의도로 투사된 악한 생각이 순수한 마음을 가지고 있는 몸체에 닿으면, 그 생각-에너지체는 오직 튕겨 나가는 것만 가능합니다. 그리고 튕겨 나가며 생긴 에너지를 모두 모아 저항이 가장 적은 자기선(magnetic line of least resistance)을 따라 자신이 방금 통과했던 경로로 되돌아갑니다. 그리고 생각-에너지체를 발산한 사람과 충돌합니다. 그 생각-에너지체를 발산한 사람은 자신의 창조물인 생각-에너지체와 동일하게 진동하고 있기 때문에 결국 그가 다른 사람에게 주려던 파괴적인 영향을 자신이 경험하게 됩니다.

이렇게 "저주와 축복은 결국 자신에게 돌아옵니다." 이것으로부터 선하고 고도로 진보된 사람을 증오하거나 의심하는 것의 매우 심각한 결과도 발생합니다. 그에게 보내진 악의적인 생각-에너지체는 그를 해칠 수 없으며, 그 생각은 투사한 사람에게 튕겨 돌아가 정신적으로, 도덕적으로, 또는 육체적으로 그들을 파괴합니다. 이러한 사례는 신지학회 회원들 사이에서 잘 알려져 있으며, 그들은 이러한 현상을 직접 목격한 경험이 있습니다.

악의적이고 이기적인 생각처럼 낮은 진동 상태(물질)가 자신의 몸에 남아 있는 한, 그 사람은 악의를 가진 이들의 공격에 노출될 수 있습니다. 그러나 만약 자기 정화를 통해 이러한 낮은 진동 상태를 완전히 제거했다면 그를 미워하고 증오하는 사람들은 그를 해칠 수 없게 됩니다. 그 사람들의 악의에도 불구하고 평온하고 침착하게 삶을 이어 갈 수 있습니다. 하지만 그러한 화살을 쏘는 사람들에게는 해로운 결과가 따릅니다.

3. 이미지로 보는 기본적인 감정들

우리가 보여 드릴 그림들을 살펴보기 전에 짚고 넘어가야 할 점이 또 하나 있습니다. 여기에 제시된 모든 생각-에너지체[13]들은 실제 사례에서 가져온 것들이라는 것입니다. 어떤 몽상가가 생각하는 것처럼 그럴듯하게 꾸며진 상상의 형태가 아닙니다. 이것들은 평범한 사람들이 만들어 내는 것으로 실제로 관찰된 형태들을 표현한 것입니다. 이 형태들은 그것을 본 사람들이 최대한 주의 깊고 충실하게 재현했거나, 또는 투시가들이 묘사한 것을 바탕으로 예술가들의 도움을 받아 재현되었습니다.

비슷한 종류의 생각-에너지체들은 비교하기 쉽도록 함께 묶었습니다.

---

13. 생각-에너지체의 컬러 그림들은 이 책 뒷부분의 '컬러 도판 모음'에서 확인할 수 있다.

애정의 생각-에너지체

막연한 순수한 애정(8번 그림)

    8번 그림은 순수한 애정이 소용돌이치는 구름 형태를 보여 줍니다. 다소 막연하긴 하지만, 매우 좋은 감정을 나타냅니다. 이 생각-에너지체를 만들어 낸 사람은 세상과 평화롭게 지내며, 단지 존재만으로도 기쁨을 주는 어떤 친구를 꿈꾸듯 생각하고 있습니다. 이 감정은 강렬하거나 격렬하지는 않지만, 온화한 행복감과 사랑하는 사람의 가까이에 있다는 사심 없는 기쁨을 보여 줍니다. 이러한 구름을 만들어 내는 감정은 그 자체로 순수하지만, 구체적인 결과를 낳을 만한 힘은 없습니다. 부드럽게 가르릉거리는 고양이 주변에서도 이와 매우 유사한 모습이 자주 나타나는데, 고양이로부터 점점 커지는 여러 겹의 동심원 형태의 장밋빛 구름이 퍼져 나가다가 만족스럽게 졸고 있는 고양이로부터 몇 피트 떨어진 곳에서 눈에 보이지 않게 사라집니다.

그림 8

막연한 이기적인 애정(9번 그림)

9번 그림에서도 애정의 구름을 볼 수 있지만, 이번에는 훨씬 덜 바람직한 감정이 짙게 섞여 있습니다. 사랑의 카민색 사이로 칙칙하고 딱딱한 갈색-회색의 이기심이 매우 뚜렷하게 나타납니다. 따라서 이 애정은 이미 받은 호의에 대한 만족감과 가까운 미래에 받을 다른 호의에 대한 기대와 밀접하게 관련되어 있음을 알 수 있습니다. 8번 그림의 구름을 만들어 낸 감정은 막연하기는 했지만, 적어도 이기심이라는 오점은 없었기에, 그 생각을 품은 사람의 본성에 어느 정도 고귀함이 있음을 보여 주었습니다. 9번 그림은 더 낮은 진화 단계에서 그러한 마음 상태를 대신하는 것을 나타냅니다. 이 두 구름이 같은 환생에서 같은 사람에게서 나오는 것은 거의 불가능합니다. 그리고 이 두 번째 구름을 생성한 사람은 낮은 진화단계를 보이고 있지만 선함이 있다는 점이 중요합니다. 또한 세상의 평균적인 애정의 상당 부분이 이러한 유형이며, 다른 더 높은 표현으로 발전하는 데에는 오랜 시간이 걸립니다.

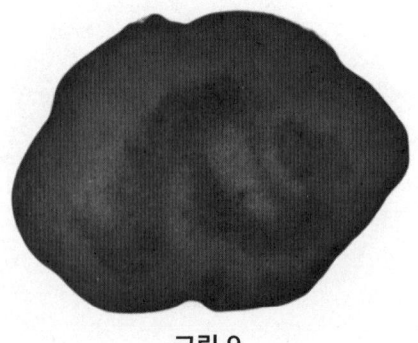

그림 9

확고한 애정(10번 그림)

10번 그림을 처음 보는 순간, 우리는 완전히 다른 성질의 무언가를 마주하게 됩니다. 효과적이고 유능하며, 결과를 성취할 수 있는 무언가입니다. 색상은 8번 그림의 색상만큼이나 맑고 깊으며 투명하지만, 8번 그림에서 단순한 감정에 불과했던 것이 이 경우에는 확고한 의도와 망설임 없는 행동으로 바뀌었습니다. 《영혼의 지도, 당신의 보이지 않는 진실》이라는 책을 보신 분들은 11번 그림에서 어머니가 어린 자녀를 안아 올려 키스를 퍼부었을 때 어머니의 심령체에 나타난 순수하고 이타적인 애정의 갑작스러운 분출 효과가 묘사되어 있음을 기억하실 것입니다. 그 감정의 갑작스러운 폭발로 인해 여러 가지 변화가 일어났습니다. 그중 하나는 심령체 내부에 생명의 빛으로 둘러싸인 커다란 진홍색 소용돌이가 형성된 것입니다. 이것들은 각각 앞서 설명한 대로 생성된 강렬한 애정의 생각-에너지체이며, 거의 순식간에 감정의 대상을 향해 방출됩니다.

그림 10

10번 그림은 그러한 생각-에너지체가 그것을 만들어 낸 사람의 심령체를 떠나 목표를 향해 나아가는 모습을 묘사하고 있습니다. 거의 원형이었던 형태가 발사체나 혜성의 머리와 다소 유사한 형태로 바뀌었음을 알 수 있습니다. 이러한 변화는 빠른 전진 운동으로 인해 발생한다는 것을 쉽게 이해할 수 있을 것입니다. 맑은 색상은 이 생각-에너지체를 만들어 낸 감정의 순수성을 보여 주는 동시에, 윤곽의 정확성은 힘과 활기찬 목적의 명백한 증거입니다. 이러한 생각-에너지체를 만들어 낸 영혼은 이미 어느 정도 발달된 영혼임에 틀림없습니다.

발산하는 애정(11번 그림)

11번 그림은 의도적으로 생성된 생각-에너지체의 첫 번째 예시입니다. 이 생각-에너지체를 만들어 낸 사람은 모든 존재에게 사랑을 쏟아붓기 위해 노력하고 있습니다. 이 모든 형태는 끊임없이 움직이고 있다는 것을 기억해야 합니다. 예를 들어, 이 형태는 꾸준히 넓어지고 있는데, 마치 우리가 표현할 수 없는 차원에서 중심을 통해 솟아나는 무궁무진한 샘이 있는 것처럼 보입니다. 이러한 감정은 적용 범위가 매우 넓기 때문에 철저하게 훈련되지 않은 사람이 명확하고 정확하게 유지하기가 매우 어렵습니다. 따라서 여기에 표시된 생각-에너지체는 매우 훌륭합니다. 별의 수많은 광선이 모두 칭찬할 만큼 막연하지 않기 때문입니다.

그림 11

평화와 보호(12번 그림)

12번 그림에서 볼 수 있는 것보다 더 아름답고 표현력이 뛰어난 생각-에너지체는 거의 없습니다. 이것은 사랑과 평화, 보호와 축복의 생각이, 축복할 힘과 권리를 얻은 사람에 의해 발산된 것입니다. 그것을 만들어 낸 사람의 마음속에 아름다운 날개 모양에 대한 생각이 있었을 가능성은 거의 없습니다. 하지만 어린 시절에 배운 수호천사에 대한 희미한 기억이 무의식적으로 반영되어 이러한 형태에 영향을 미쳤을 가능성은 있습니다. 어쨌든 간절한 소망이 이처럼 우아하고 표현력이 뛰어난 형태로 나타났고, 그 소망을 불러일으킨 애정이 사랑스러운 장밋빛을 부여했으며, 그것을 인도한 지성이 중심에서 햇빛처럼 빛나고 있습니다. 따라서 우리는 진실로 사랑하는 사람들을 보호하는 진정한 수호천사를 만들 수 있습니다. 비록 그것을 만들어 낸 사람은 알지 못하지만, 선을 향한 이타적이고 진지한 소망은 이와 같은 형태를 만들어 냅니다.

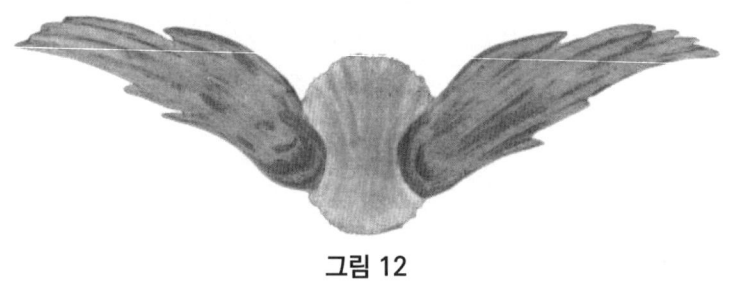

그림 12

탐욕스러운 동물적 애정(13번 그림)

13번 그림은 탐욕스러운 동물적 애정의 예를 보여 줍니다. 이러한 감정을 과연 애정이라는 고귀한 이름으로 부를 수 있을지 의문이지만 말입니다. 여러 색상이 섞여 칙칙하고 불쾌한 색조를 만들어 내고 있으며, 관능성의 섬뜩한 빛깔과 이기심을 나타내는 짙은 색조로 인해 빛을 잃었습니다. 특히 그 형태가 특징적인데, 저렇게 굽은 갈고리는 개인적인 소유에 대한 강한 갈망이 존재할 때만 나타납니다. 안타깝게도 이 생각-에너지체를 만들어 낸 사람은 결과나 보답을 생각하지 않고 기쁜 마음으로 봉사하는 희생적인 사랑에 대한 개념이 전혀 없었던 것이 분명합니다. 그의 생각은 "얼마나 줄 수 있을까?"가 아니라 "얼마나 얻을 수 있을까?"였으며, 그것은 이렇게 안으로 굽은 곡선으로 표현되었습니다. 다른 생각-에너지체들처럼 과감하게 밖으로 뻗어 나가지도 못하고, 그림 왼쪽에 있다고 가정되는 심령체에서 마지못해 튀어나온 모습입니다. 신성한 사랑을 애처롭게 왜곡한 것이지만, 이것조차도 진화의 한 단계이며, 곧 보게 되겠지만 이전 단계보다 분명히 개선된 것입니다.

그림 13

헌신의 생각-에너지체

막연한 종교적 감정(14번 그림)

14번 그림은 또 다른 형태 없는 떠다니는 구름을 보여 주지만, 이번에는 진홍색 대신 파란색입니다. 이것은 막연하게 즐거운 종교적 감정, 즉 지성보다 경건함이 더 발달한 사람들에게 흔히 볼 수 있는, 신앙심이라기보다는 경건함의 느낌을 나타냅니다. 많은 교회에서 회중의 머리 위로 떠다니는 짙고 칙칙한 파란색의 큰 구름을 볼 수 있습니다. 이것은 그것을 야기하는 생각과 감정의 불분명한 특성 때문에 윤곽이 뚜렷하지 않습니다. 또한 무지한 신앙심은 이기심이나 두려움의 음울한 색조를 통탄스러울 정도로 쉽게 흡수하기 때문에 너무 자주 갈색과 회색으로 얼룩져 있습니다. 그럼에도 불구하고 미래의 막대한 잠재력을 희미하게 드러내며, 영혼이 자신이 온 곳인 신에게로 날아오르는 데 사용하는 신앙심과 지혜라는 두 날개 중 적어도 하나의 희미한 움직임을 우리에게 보여 줍니다.

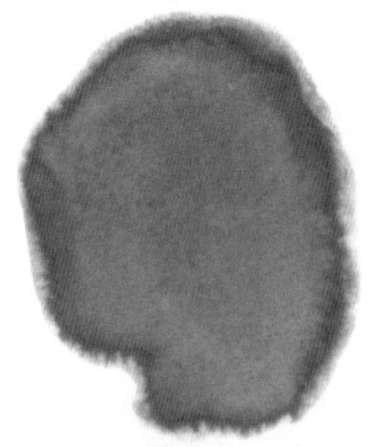

그림 14

이 막연한 파란색 구름이 얼마나 다양한 상황에서 나타나는지, 그리고 때로는 그것의 부재가 존재보다 더 큰 의미를 갖는다는 것을 아는 것은 놀라운 일입니다. 많은 세련된 예배 장소에서 우리는 그것을 헛되이 찾고, 대신 물질적 대상의 형태를 취하는 두 번째 유형의 생각-에너지체의 광대한 집합체를 발견하기 때문입니다. '예배자'들 위로 신앙심의 표시 대신 모자와 보닛, 보석과 화려한 옷, 말과 마차, 위스키 병과 일요일 저녁 식사, 때로는 복잡한 계산의 전체 행렬 등의 심령적 이미지가 떠다니는 것을 봅니다. 이는 남녀 모두 기도와 찬양의 시간 동안 세속적인 존재의 하위 형태의 욕망이나 걱정, 사업이나 쾌락 외에는 아무런 생각도 하지 않았음을 보여 줍니다.

하지만 때로는 소박한 예배당에서도 경건한 광경을 목격할 수 있습니다. 다소 시대에 뒤떨어진 가톨릭 성당이나 의례 중심의 교회에서 그러한 광경을 볼 수도 있습니다. 그곳에서 우리는 짙푸른 구름이 동쪽의 제단을 향해, 혹은 위를 향해 끊임없이 피어오르는 것을 볼 수 있습니다. 이는 적어도 그것을 만들어 낸 사람들의 진지함과 경건함을 증명합니다. 파란색 구름 사이로 거인의 손에 던져진 창처럼 15번 그림과 같은 생각-에너지체가 번쩍이거나, 16번 그림에서 볼 수 있는 것과 같은 자기희생의 꽃이 우리의 황홀한 눈앞에 떠다니는 경우는 매우 드뭅니다. 하지만 대부분의 경우, 우리는 더 높은 발전의 징후를 다른 곳에서 찾아야 합니다.

위로 솟아오르는 헌신(15번 그림)

15번 그림은 14번 그림과의 관계에 있어 10번 그림의 명확한 윤곽을 가진 발사체가 8번 그림의 불확실한 구름과 대비되는 것과 같은 관계를 가집니다. 14번 그림의 막연한 구름 형태는 불완전하고 무기력한 모습입니다. 반면에 15번 그림은 웅장한 첨탑의 강력한 힘의 형태로 고도로 발달된 헌신(신앙심)으로 보여 줍니다.

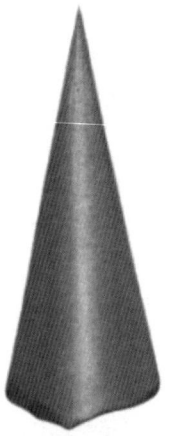

그림 15

이것은 불확실하고 반쯤 형성된 감정이 아닙니다. 사실에 대한 지식에 깊이 뿌리내린 위대한 감정이 밖으로 표출된 것입니다. 이러한 신앙심을 느끼는 사람은 자신이 믿는 대상을 아는 사람입니다. 이러한 생각-에너지체를 만드는 사람은 스스로 생각하는 법을 터득한 사람입니다. 위로 솟아오르는 듯한 형태는 확신뿐만 아니라 용기를 나타내며, 윤곽의 선명함은 창조자의 개념이 명확함을 보여 주고, 뛰어난 순수한 색상은 그 사람의 완전한 이타심을 증명합니다.

헌신에 대한 응답(17번 그림)

17번 그림에서 우리는 그의 생각의 결과, 즉 그분께 드린 호소에 대한 로고스[14]의 응답을 봅니다. 이것은 기도에 대한 응답이라는 지속적인 믿음의 가장 높고 가장 좋은 부분에 깔려 있는 진실입니다. 이 그림은 몇 마디 설명이 필요합니다. 우리 로고스는 태양계의 모든 영역에 자신의 빛, 힘, 생명을 쏟아붓고 있으며, 당연히 이 신성한 힘의 발산은 더 높은 영역에서 가장 완전하게 이루어질 수 있습니다.

각 영역에서 그 아래 영역으로 내려가는 것은 거의 마비될 정도의 제한을 의미합니다. 이 제한은 인간 의식의 더 높은 가능성을 경험한 사람이 아니면 완전히 이해할 수 없습니다. 따라서 신성한 생명은 심령계보다 정신계에서 비교할 수 없을 만큼 더 충만하게 흘러나옵니다. 그러나 정신계에서의 그 영광조차도 붓디계의 영광에 비하면 형언할 수 없을 정도로 초월됩니다.

---

14. (역자 주) 신지학에서 '로고스'(Logos)는 우주적 지성과 창조의 원리로 이해된다. 고대 그리스 철학에서 유래한 이 개념은 신지학에서 우주를 형성하고 유지하는 신적인 원리로 확장된다. 로고스는 일반적으로 근본적인 신성의 표현으로 간주되며, 우주의 질서와 구조를 만드는 창조적인 힘으로 설명된다.

그림 17

일반적으로 이러한 강력한 영향력의 파동은 각각의 적절한 영역, 비유하자면 수평적으로 퍼져 나가지만, 원래 의도된 영역보다 낮은 영역의 어둠 속으로는 전달되지 않습니다. 그러나 더 높은 차원의 특별한 은혜와 힘이 어느 정도 낮은 차원으로 내려와 그곳에서 놀라운 효과를 퍼뜨릴 수 있는 조건들이 있습니다. 이는 특별한 통로가 일시적으로 열릴 때만 가능한 것으로 보이며, 그 작업은 반드시 아래에서부터, 그리고 인간의 노력에 의해 이루어져야 합니다.

이전에 설명된 바와 같이, 사람의 생각이나 감정이 이기적일 때마다 그것이 만들어 내는 에너지는 닫힌곡선을 그리며 움직이고, 따라서 불가피하게 자신의 차원으로 돌아와 소비됩니다. 하지만 생각이나 감정이 절대적으로 이타적일 때, 그 에너지는 열린 곡선을 그리며 앞으로 나아가고, 따라서 일반적인 의미에서 돌아오지 않습니다. 대신 그것은 위의 차원을 관통합니다. 왜냐하면 오직 그 더 높은 상태에서, 추가적인 차원을 가진 그곳에서만 그 에너지가 확장될 수 있는 공간을 찾을 수 있기 때문입니다. 그러나 이타적인 생각이나 감정이 높은 차원을 관통할 때, 이는 상징적으로 말해 그 생각이나 감정의 크기만큼의 '문'을 열어 놓는 것과 같습니다. 이렇게 열린 통로를 통해 높은 차원의 신성한 힘이 낮은 차원으로 흘러 들어와 놀라운 결과를 만들어 냅니다. 이는 생각한 사람뿐만 아니라 다른 이들에게도 영향을 미칩니다.

그림 17은 이를 상징적으로 표현하려 한 것입니다. 이 그림은 중요한 진실을 보여 줍니다. 즉, 무한한 양의 고차원적 힘이 항상 준비되어 있으며, 통로만 열리면 즉시 흘러 들어올 수 있다는 것입니다. 이는 마치 물탱크의 물이 첫 번째 열리는 파이프를 통해 쏟아져 나오기를 기다리고 있는 것과 같습니다. 이 설명은 우리의 이타적인 생각과 행동이 얼마나 중요한지, 그리고 그것들이 어떻게 더 높은 차원의 에너지를 우리 세계로 끌어올 수 있는지를 보여 줍니다.

신성한 생명이 내려온 결과는 통로를 만든 사람을 크게 강화하고 고양시키며, 그 사람 주변에 매우 강력하고 유익한 영향력을 퍼뜨립니다. 이러한 효과는 종종 기도에 대한 응답이라고 불리며, 무지한 사람들은 그것을 불변하는 위대한 신성한 법칙의 작용이 아니라 "섭리의 특별한 개입"이라고 부르는 것에 돌립니다.

자기희생(16번 그림)

16번 그림은 또 다른 형태의 헌신을 보여 줍니다. 이것은 우리에게 완전히 새로운 유형의 매우 아름다운 형태를 만들어 냅니다. 언뜻 보기에 살아 있는 자연에 속하는 다양한 우아한 형태를 모방한 것처럼 보일 수도 있는 유형입니다. 예를 들어, 16번 그림은 부분적으로 열린 꽃봉오리를 연상시키는 반면, 다른 형태들은 조개껍데기나 나뭇잎, 나무 모양과 어느 정도 유사합니다. 그러나 분명히 이것들은 식물이나 동물의 형태를 복사한 것이 아니며, 그럴 수도 없습니다.

그림 16

유사성에 대한 설명은 그보다 훨씬 더 깊은 곳에 있는 것 같습니다. 우리의 생각이 만들어 내는 복잡한 형태들 중 일부는 특정 물리적 힘에 의해 정확히 똑같이 만들어질 수 있다는 흥미로운 사실이 있습니다. 이런 놀라운 유사성이 왜 생기는지 현재로서는 정확히 설명하기 어렵지만, 이를 통해 우리는 매우 큰 비밀의 문턱을 엿보고 있는 것 같습니다. 만약 우리의 특정 생각들이 자연의 과정에서도 똑같이 만들어지는 형태를 만들어 낸다면, 자연의 힘이 우리의 생각과 비슷한 방식으로 작용한다고 추측해 볼 수 있습니다

우주 자체가 로고스(신)에 의해 만들어진 거대한 생각-에너지체라고 본다면, 우주의 작은 부분들도 이와 비슷한 일을 하는 작은 존재들의 생각-에너지체일 수 있습니다. 이런 관점에서 힌두교에서 말하는

3억 3천만 데바(신들)의 의미를 이해할 수 있을지도 모릅니다. 이 설명은 우리의 생각, 자연의 힘, 그리고 우주의 구조 사이에 깊은 연관성이 있을 수 있다는 흥미로운 가능성을 제시합니다.

이 형태는 가장 아름다운 옅은 하늘색이며, 그 안에서 흰빛의 영광이 빛나고 있습니다. 실제로 이것을 가능한 한 정확하게 표현하기 위해 열심히 노력한 지칠 줄 모르는 예술가의 기술을 시험할 만한 것이었습니다. 이것은 가톨릭 신자가 "신앙심의 행위"라고 부르는 것, 더 나아가 완전한 이타심, 자기희생과 포기의 행위입니다.

지성의 생각-에너지체

막연한 지적 즐거움(18번 그림)

18번 그림은 8번 그림과 14번 그림에서 보여 준 것과 같은 종류의 막연한 구름을 나타냅니다. 하지만 이 경우 색상은 진홍색이나 파란색 대신 노란색입니다. 사람의 심령체에서 노란색은 항상 지적 능력을 나타내지만, 그 색조는 매우 다양하며 다른 색조가 혼합되어 복잡해질 수 있습니다. 일반적으로 지성이 주로 낮은 곳, 특히 이기적인 목표를 향할 때 더 짙고 칙칙한 색조를 띱니다. 평범한 사업가의 심령체나 정신체에서는 황토색으로 나타나지만, 철학이나 수학 연구에 전념하는 순수한 지성은 종종 황금색으로 나타납니다. 그리고 강력한 지성이 인류의 이익을 위해 완전히 이타적으로 사용될 때는 아름답고 맑고 빛나는 레몬색이나 앵초 노란색으로 점차 바뀝니다.

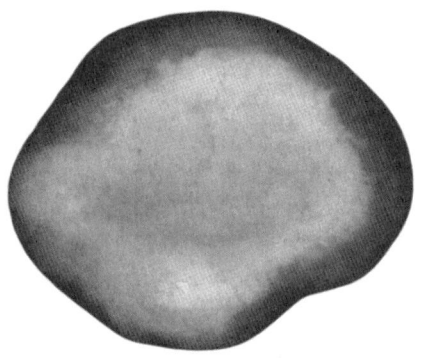

그림 18

대부분의 노란색 생각-에너지체는 윤곽이 뚜렷하며, 이 색상의 막연한 구름은 비교적 드뭅니다. 이것은 지적 즐거움, 즉 독창성의 결과에 대한 감탄이나 영리한 솜씨에서 느끼는 기쁨을 나타냅니다. 평범한 사람이 그림을 감상하면서 얻는 즐거움은 대개 그림이 그 사람 안에 불러일으키는 감탄, 애정, 연민의 감정에 주로 의존합니다. 때로는 그림이 그 사람에게 친숙한 장면을 묘사하는 경우, 과거의 즐거움에 대한 기억을 깨우는 힘에서 매력을 느끼기도 합니다. 그러나 예술가는 그림에서 작품의 우수성과 특정 결과를 만들어 내는 데 사용된 독창성을 인식함으로써 완전히 다른 성격의 즐거움을 얻을 수 있습니다. 그러한 순수한 지적 만족은 노란색 구름으로 나타납니다. 음악적 독창성이나 미묘한 논증에서 기쁨을 느낄 때도 같은 효과가 나타날 수 있습니다. 이러한 성격의 구름은 어떤 개인적인 감정도 전혀 없음을 나타냅니다. 만약 개인적인 감정이 존재한다면 필연적으로 노란색에 그 감정에 맞는 색상이 섞일 것이기 때문입니다.

알고자 하는 의지(19번 그림)

19번 그림은 생각-에너지체의 성장 과정을 보여 준다는 점에서 흥미롭습니다. 위쪽 형태로 표시된 초기 단계는 드물지 않으며, 어떤 문제를 해결하려는 결심, 즉 알고 이해하려는 의지를 나타냅니다. 때때로 신지학 강사는 청중으로부터 이러한 노란색 뱀 모양의 형태가 자신을 향해 뻗어 나오는 것을 많이 봅니다.

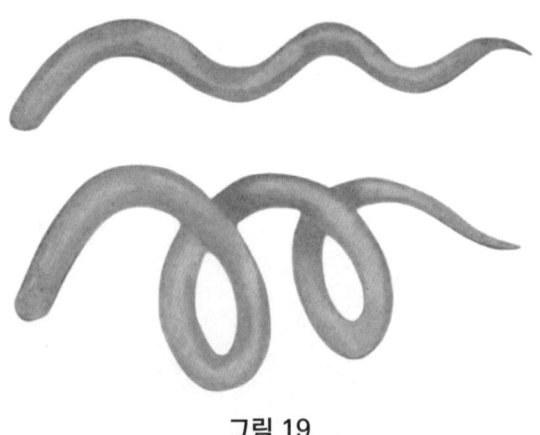

그림 19

그리고 청중이 자신의 주장을 이해하고 있으며, 더 많이 이해하고 알고자 하는 진지한 욕구를 가지고 있다는 표시로 이를 환영합니다.

이러한 형태는 종종 질문과 함께 나타납니다. 그리고 때때로 안타깝게도 그런 경우가 있지만, 질문자가 지식에 대한 진정한 욕구보다는 자신의 예리함을 드러내기 위한 목적으로 질문을 하는 경우, 그 형태는 자만심을 나타내는 짙은 주황색으로 강하게 물들게 됩니다. 이 특별한 형태는 신지학 모임에서 관찰되었으며, 상당한 사고와 통찰력을 보여 주는 질문과 함께 나타났습니다. 처음에 주어진 답변은 질문자를 완전히 만족시키지 못했고, 질문자는 강연자가 자신의 문제를 회피하고 있다는 인상을 받은 것 같습니다. 질문에 대한 완전하고 철저한 답변을 얻고자 하는 그의 결심이 더욱 굳어졌고, 그의 생각의 형상은 색상이 짙어지고 두 번째 모양으로 변화하여 이전보다 더 코르크 나사와 비슷해졌습니다. 이와 유사한 형태들은 일반적인 게으른 호기심이나 경박한 호기심에 의해 자주 만들어지지만, 그런 경우에는 지성이 관여하지 않기 때문에 색상이 더 이상 노란색이 아니라 보통 부패하는 고기와 비슷한 색을 띱니다. 이는 29번 그림에서 술에 취한 사람의 알코올 갈망을 표현한 색과 유사합니다.

야망의 생각-에너지체

높은 야망(20번 그림)

20번 그림은 욕망의 또 다른 표현, 즉 지위나 권력에 대한 야망을 보여 줍니다. 야망적인 특성은 풍부하고 짙은 주황색으로 표현되고, 욕망은 형태가 움직일 때 앞쪽으로 뻗어 나가는 갈고리 모양으로 표현됩니다.

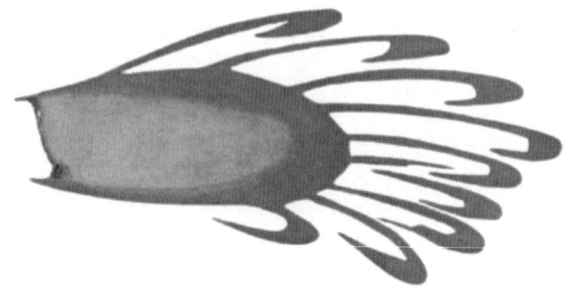

그림 20

    이 생각은 그 자체로 선하고 순수합니다. 만약 욕망에 비열하거나 이기적인 것이 있다면 칙칙한 빨간색, 갈색 또는 회색으로 인해 맑은 주황색이 어두워질 것이기 때문입니다. 이 사람이 지위나 권력을 갈망했다면, 그것은 자신의 이익을 위한 것이 아니라 자신이 일을 잘하고 진실하게 해낼 수 있으며 동료들에게 도움이 될 것이라는 확신 때문이었습니다.

이기적인 야망(21번 그림)

    더 낮은 유형의 야망은 21번 그림에 나타나 있습니다. 여기에는 칙칙한 갈색-회색의 이기심이 크게 얼룩져 있을 뿐만 아니라, 윤곽의 명확성은 동일해 보이지만 형태에서도 상당한 차이가 있습니다.

그림 21

20번 그림은 특정한 목표를 향해 꾸준히 상승하고 있습니다. 중심 부분이 10번 그림처럼 명확하게 발사체 형태를 이루고 있기 때문입니다. 반면에 21번 그림은 떠다니는 형태이며, 일반적인 소유욕, 즉 시야에 있는 모든 것을 자기 것으로 붙잡으려는 야망을 강하게 나타냅니다.

분노의 생각-에너지체

살인적인 분노와 지속적인 분노(22번, 23번 그림)

22번 그림과 23번 그림에서 우리는 분노의 끔찍한 결과를 보여 주는 두 가지 무서운 예를 봅니다. 어두운 구름에서 나오는 섬뜩한 번개(22번 그림)는 런던 동쪽 끝에서 부분적으로 취한 거친 남자가 여자를 때려눕힐 때 그의 오라에서 포착되었습니다. 번개는 그가 손을 들어 때리기 직전에 그녀에게 쏘아져 나왔고, 마치 죽일 듯한 공포감을 불러일으켰습니다.

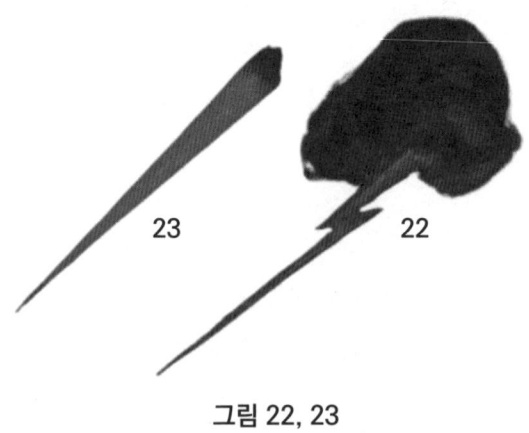

그림 22, 23

날카로운 칼날 모양의 다트(23번 그림)는 수년 동안 지속된, 강렬하고 복수심에 불타는 꾸준한 분노의 생각으로, 자신에게 깊은 상처를 입힌 사람을 향해 발사되었습니다. 만약 이 생각을 발사한 사람이 강하고 훈련된 의지를 가지고 있었다면, 그러한 생각-에너지체는 사람을 죽였을 것입니다. 그리고 그러한 생각을 키우는 사람은 미래의 환생에서 생각뿐만 아니라 행동으로도 살인자가 될 매우 심각한 위험을 감수하고 있습니다. 두 생각-에너지체 모두 번개와 같은 형태를 띠고 있다는 점을 주목할 필요가 있습니다. 하지만 22번은 그 모양이 불규칙한 반면, 23번은 훨씬 더 위험한, 한결같이 뚜렷한 의도를 보여줍니다. 22번의 번개가 뿜어져 나오는 그 근원을 보면, 철저한 이기심이 자리 잡고 있다는 것을 알 수 있으며 이 특징은 우리에게 시사하는 바가 큽니다. 그리고 두 번개의 색깔 차이도 눈여겨 봐야 합니다. 22번은 이기심을 상징하는 탁한 갈색이 매우 강하게 드러나서, 분노가 터져 나오는 부분까지 갈색으로 물들일 정도입니다. 반면, 23번의 경우에도 이기심이 그 근본에 있지만 지속적이고 집중된 분노 속에서 애초에 무엇 때문에 화가 났는지도 잊혀졌습니다. 《영혼의 지도, 당신의 보이지 않는 진실》의 13번 그림인 강렬한 분노를 공부한 학생은 이러한 형태들이 튀어나오는 심령체의 상태를 스스로 상상할 수 있을 것입니다. 그리고 분명히 이러한 그림들을 단순히 보는 것만으로도, 분노라는 감정에 굴복하는 것의 악영향에 대한 강력한 교훈을 얻을 수 있을 것입니다.

폭발적인 분노(24번 그림)

24번 그림에서는 완전히 다른 성격의 분노가 나타납니다. 여기에는 지속적인 증오가 아니라 단순히 격렬한 짜증의 폭발이 있습니다. 22번 그림과 23번 그림에서 보여 준 형태를 만든 사람들이 각자 개인을 향해 분노를 표출하는 반면, 24번 그림의 폭발을 일으킨 사람은 순간적으로 주변의 온 세상과 전쟁을 벌이고 있음을 즉시 알 수 있습니다.

그림 24

　주황색이 진홍색과 섞여 있는 것은 그의 자존심이 심하게 상처받았음을 의미하기 때문에, 모욕을 당했거나 무례한 대우를 받았다고 느끼는 어떤 화를 잘 내는 노신사의 감정을 잘 표현할 수 있습니다. 이 그림의 방사형을 11번 그림의 방사형과 비교해 보는 것이 유익합니다. 여기서는 순간적으로 지나가고 불규칙적인 효과를 내는 진정한 폭발이 나타납니다. 그리고 빈 중심은 그것을 야기한 감정이 이미 과거의 것이며 더 이상 힘이 생성되지 않고 있음을 보여 줍니다. 반면에 11번 그림에서는 중심이 생각-에너지체에서 가장 강한 부분입니다. 이것은 순간적인 감정의 섬광의 결과가 아니라 꾸준하고 지속적인 에너지의 분출이 있음을 보여 줍니다. 그리고 광선은 그 질과 길이, 그리고 고르게 분포된 모습을 통해 그것들을 만들어 내는 꾸준하고 지속적인 노력을 보여 줍니다.

경계심 강하고 분노에 찬 질투(25번, 26번 그림)

25번 그림에서 우리는 흥미롭지만 불쾌한 생각-에너지체를 봅니다. 특유의 갈색을 띤 녹색은 숙련된 투시가에게 그것이 질투의 표현임을 즉시 알려 주고, 기이한 모양은 그 사람이 대상을 얼마나 열심히 감시하고 있는지 보여 줍니다. 머리를 든 뱀과의 놀라운 유사성은 질투하는 사람의 매우 어리석은 태도, 즉 가장 보고 싶지 않은 것을 발견하기 위해 예민하게 경계하는 모습을 적절하게 상징합니다.

그림 25

만약 그가 가장 보고 싶지 않은 것을 보거나, 보았다고 상상하는 순간, 그 형태는 질투가 이미 분노와 섞인 26번 그림에서 보이는 훨씬 더 흔한 형태로 바뀔 것입니다. 여기서 질투는 단지 막연한 구름일 뿐이지만, 자신에게 해를 끼친다고 생각하는 사람들을 공격할 준비가 된 매우 뚜렷한 분노의 섬광이 산재해 있습니다. 반면에 아직 분노가 없는 25번 그림에서는 질투 자체가 완벽하게 뚜렷하고 매우 표현력이 뛰어난 윤곽을 가지고 있습니다.

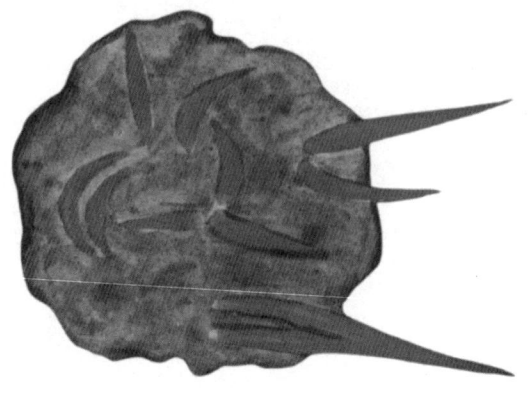

그림 26

연민의 생각-에너지체

막연한 동정심(18A 그림)

18A 그림에서 우리는 또 다른 막연한 구름 형태를 봅니다. 하지만 이번에는 녹색으로, 동정심을 표현하고 있습니다. 윤곽이 뚜렷하지 않은 것으로 보아, 즉시 생각을 행동으로 옮기는 것과 같은 명확하고 적극적인 동정심은 아님을 추측할 수 있습니다. 오히려 슬픈 사고 소식을 읽거나 병원 병동 문 앞에 서서 환자들을 바라보는 사람에게서 느껴지는 것과 같은 일반적인 연민의 감정을 나타냅니다.

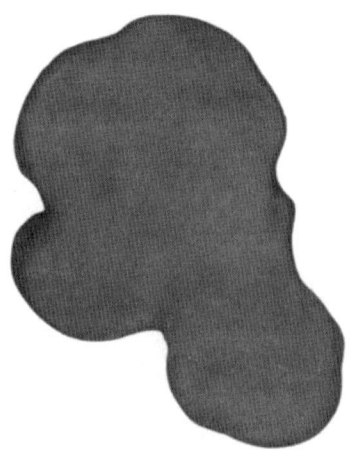

그림 18A

공포의 생각-에너지체

갑작스러운 공포(27번 그림)

자연에서 가장 가련한 모습 중 하나는 극심한 공포에 질린 사람이나 동물입니다. 《영혼의 지도, 당신의 보이지 않는 진실》의 14번 공포 그림을 살펴보면 그러한 상황에서 심령체가 육체보다 나아 보이지 않는다는 것을 알 수 있습니다. 사람의 심령체가 극도로 흥분된 상태에 있을 때, 그것은 자연스럽게 폭발적인 형태 없는 파편들을 내뿜게 됩니다. 이는 마치 폭파 시 날아가는 바윗덩어리와 비슷한데, 30번 그림에서 볼 수 있습니다. 하지만 사람이 공포에 질린 것이 아니라 단순히 크게 놀랐을 때는, 27번 그림과 같은 효과가 자주 나타납니다.

그림 27

파리의 바라뒤크 박사가 찍은 사진 중 하나에서, 갑작스러운 짜증으로 인해 깨진 원형들이 분출되는 것이 관찰되었습니다. 이 초승달 모양의 형태들의 분출도 비슷한 성질을 가진 것으로 보이지만, 이 경우에는 폭발적인 모습을 더욱 강조하는 물질의 선들이 함께 나타납니다. 주목할 만한 점은, 가장 먼저 분출된 것으로 보이는 오른쪽의 모든 초승달 모양들이 오직 공포를 나타내는 흐린 회색만을 보여 준다는 것입니다. 하지만 잠시 후, 그 사람은 이미 충격에서 부분적으로 회복되기 시작하며, 자신이 놀란 것에 대해 화를 내기 시작합니다. 이는 나중에 분출된 초승달 모양들이 분노를 나타내는 주홍색으로 테두리가 둘려져 있는 것으로 알 수 있습니다. 이는 공포와 분노가 섞여 있음을 보여 줍니다. 마지막 초승달 모양은 순수한 주홍색인데, 이는 이미 공포가 완전히 극복되고 짜증만 남아 있음을 알려 줍니다.

탐욕의 생각-에너지체

이기적인 탐욕(28번 그림)

28번 그림은 이기적인 탐욕의 예를 보여 줍니다. 21번 그림보다 훨씬 더 낮은 유형입니다. 여기에는 야망만큼 고귀한 것조차 없으며, 탁한 녹색 색조에서 알 수 있듯이 이 불쾌한 생각을 투사하는 사람은 자신의 욕망을 얻기 위해 기꺼이 속임수를 쓸 준비가 되어 있습니다.

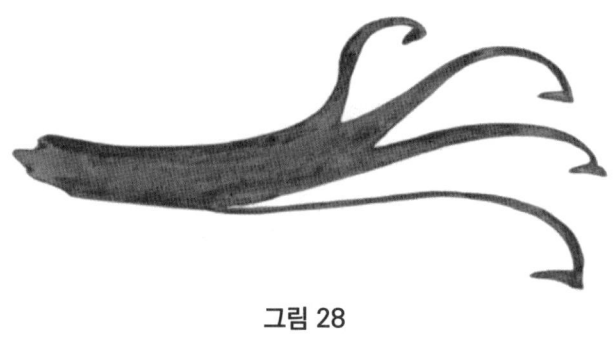

그림 28

21번 그림의 야망은 일반적인 성격이었지만, 28번 그림에서 표현된 갈망은 그것이 뻗어 나가는 특정한 대상을 향한 것입니다. 13번 그림의 생각-에너지체와 마찬가지로 이 생각-에너지체는 그림 왼쪽에 있다고 가정해야 하는 심령체에 부착된 상태로 남아 있습니다. 이러한 성격의 발톱 모양 형태는 새 옷이나 모자, 또는 특별히 매력적인 보석류를 착용한 여성에게 집중되는 것을 매우 자주 볼 수 있습니다. 생각-에너지체는 소유욕과 섞인 질투나 시기심의 정도에 따라 색상이 다를 수 있지만, 모든 경우에 우리 그림에서 보이는 모양과 유사합니다. 쇼윈도 앞에 모인 사람들이 유리를 통해 심령적인 갈망을 뻗는 모습을 종종 볼 수 있습니다.

술에 대한 탐욕(29번 그림)

29번 그림에서 우리는 같은 욕망의 또 다른 변형을 봅니다. 아마도 훨씬 더 타락하고 동물적인 수준일 것입니다. 이 표본은 술집 문에 들어서는 순간 한 남자의 심령체에서 채취한 것입니다.

그림 29

그가 곧 흡수하려는 술에 대한 기대와 강렬한 욕망은 그의 앞에 이 매우 불쾌한 모습으로 투사되었습니다. 갈고리 모양의 돌출부는 갈망을 보여 주고, 색상과 거칠고 얼룩덜룩한 질감은 욕구의 저급하고 관능적인 본성을 보여 줍니다. 성적 욕망은 종종 똑같은 방식으로 나타납니다. 이러한 형태를 만드는 사람들은 아직 동물과 거의 다를 바 없습니다. 진화의 단계를 거치면서 이 형태는 점차 13번 그림과 같은 것으로 대체될 것이고, 발전이 진행됨에 따라 매우 느리게 9번 그림과 8번 그림에 나타난 단계를 거쳐 마침내 모든 이기심이 사라지고 소유하려는 욕망이 주려는 욕망으로 바뀌어 11번 그림과 10번 그림에서 보이는 훌륭한 결과에 도달하게 됩니다.

4. 여러 상황에서 만들어지는 욕망-지성의 에너지체

급박한 위기 상황에서의 생각-에너지체

30번 그림에 묘사된 매우 흥미로운 생각-에너지체 그룹을 야기한 공황 상태는 매우 심각합니다. 그것들은 형언할 수 없는 혼란 속에서 정확히 그림과 같이 배열된 채 동시에 나타났습니다. 따라서 그것들을 설명할 때는 역순으로 살펴보는 것이 편리하지만, 상대적인 위치는 그대로 유지되었습니다. 그것들은 끔찍한 사고로 인해 생겨났으며, 사람들이 갑작스럽고 심각한 위험에 얼마나 다르게 반응하는지 보여 준다는 점에서 교훈적입니다.

그림 30A. 이기적인 공포

한 형태는 완전한 이기심의 기반에서 솟아나는 두려움의 생생한 회색의 분출을 보여 줄 뿐이며, 불행히도 이와 같은 형태가 많이 있었습니다. 생각-에너지체의 산산이 조각난 모습은 폭발의 격렬함과 완전함을 보여 주는데, 이는 그 사람의 영혼 전체가 맹목적이고 광적인 공포에 사로잡혀 있었고, 개인적인 위험에 대한 압도적인 감각이 그 순간 모든 고귀한 감정을 배제했음을 나타냅니다.

그림 30B. 두려움과 신앙에 의지

두 번째 형태는 적어도 자제하려는 시도를 나타내며, 어느 정도 종교적 감정을 가진 사람이 취하는 태도를 보여 줍니다. 생각하는 사람은 기도에서 위안을 찾고 있으며, 이러한 방식으로 두려움을 극복하려고 노력하고 있습니다. 이것은 망설이며 위쪽으로 솟아오르는 회색빛이 도는 파란색 점으로 표현됩니다. 그러나 색상은 그 노력이 부분적으로만 성공했음을 보여 주고, 불규칙적인 윤곽과 떨어지는 파편으로 이루어진 생각-에너지체의 아랫부분에서도 실제로는 다른 경우만큼이나 공포감이 크다는 것을 알 수 있습니다. 하지만 적어도 이 여성은 기도해야 한다는 것을 기억할 만큼의 침착함을 유지하고 있으며, 기도하는 동안 두려워하지 않는 척하려고 노력하고 있습니다. 반면에 다른 경우에는 이기적인 공포 외에는 아무런 생각도 없었습니다. 한 사람은 여전히 인간성의 흔적과 자제력을 되찾을 가능성이 남아 있습니다. 다른 한 사람은 그 순간 모든 품위의 잔재를 버리고 압도적인 감정에 굴복한 비참한 노예가 되었습니다.

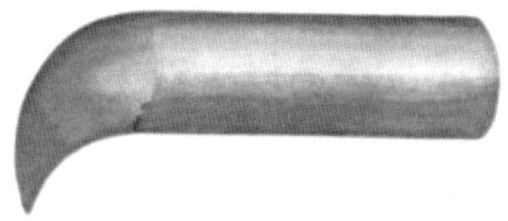

그림 30C. 훌륭한 힘과 결단력

이 두 형태에서 보이는 굴욕적인 나약함과 매우 대조적인 것은 세 번째 형태의 훌륭한 힘과 결단력입니다. 여기에는 떨리는 선과 폭발하는 파편을 가진 무정형의 덩어리가 아니라 명확하고 뚜렷한 강력한 생각이 있으며, 분명히 힘과 결의로 가득 차 있습니다. 이것은 승객의 생명과 안전을 책임지는 담당 장교의 생각이며, 그는 매우 만족스러운 방식으로 비상사태에 대처합니다. 그는 조금이라도 두려움을 느낄 틈조차 없습니다. 그럴 시간이 없습니다. 그의 무기 같은 생각-에너지체의 날카로운 끝부분의 진홍색은 사고가 발생했다는 것에 대한 분노를 나타내지만, 그 바로 위의 주황색의 굵은 곡선은 어려움을 처리할 수 있는 자신의 능력에 대한 완벽한 자신감과 확신을 나타냅니다. 빛나는 노란색은 그의 지성이 이미 문제 해결에 착수했음을 의미하는 반면, 그 옆에 있는 녹색은 그가 구하려는 사람들에 대한 동정심을 나타냅니다. 매우 인상적이고 교훈적인 생각-에너지체 그룹입니다.

무대의 주인공이 생성한 생각-에너지체

31번 그림 또한 흥미로운 표본입니다. 아마도 유일무이할 것입니다. 〈첫날 밤〉 공연을 위해 무대에 오르기를 기다리는 배우의 생각-에너지체를 나타내기 때문입니다.

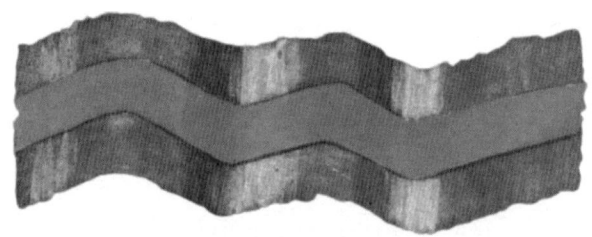

그림 31. 공연 전의 생각

중앙의 넓은 주황색 띠는 매우 명확하게 정의되어 있으며, 근거 있는 자신감, 즉 이전의 많은 성공을 실현하고 이번에도 성공 목록에 또 하나를 추가할 것이라는 합리적인 기대를 표현합니다. 그러나 이러한 자신감에도 불구하고 이 새로운 연극이 변덕스러운 대중에게 어떻게 비칠지에 대한 불가피한 불확실성이 상당히 존재하며, 전반적으로 의심과 두려움이 확신과 자부심보다 큽니다. 옅은 회색이 주황색보다 더 많고, 전체 생각-에너지체가 강풍에 펄럭이는 깃발처럼 진동하기 때문입니다. 주황색의 윤곽은 매우 명확하고 뚜렷한 반면, 회색의 윤곽은 훨씬 더 막연하다는 점에 유의해야 합니다.

도박중독자의 생각-에너지체

도박꾼(32번 그림)

32번 그림에 표시된 형태는 몬테카를로의 큰 도박장에서 동시에 관찰되었습니다. 둘 다 인간의 가장 나쁜 욕망을 나타내며, 각각 성공한 도박꾼과 실패한 도박꾼의 감정을 나타내지만 둘 사이에 별 차이가 없습니다. 32A 그림 형태는 섬뜩하고 빛나는 눈과 매우 유사하지만, 이것은 단순한 우연의 일치일 것입니다.

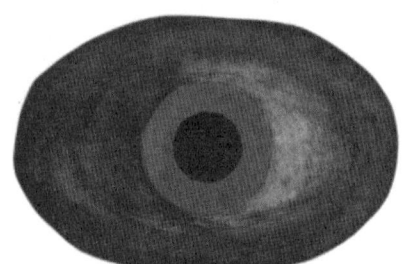

그림 32A. 실패한 도박꾼

분석해 보면 구성 요소와 색상을 어렵지 않게 설명할 수 있기 때문입니다. 전체 생각의 배경은 이기심의 칙칙한 갈색 회색과 두려움의 선명한 색조로 무겁게 표시된 깊은 우울함의 불규칙한 구름입니다. 중앙에는 운명의 적대감에 대한 깊은 분노와 분개를 나타내는 뚜렷한 진홍색 고리가 있고, 그 안에는 돈을 딴 사람들에 대한 파산한 남자의 증오를 표현하는 검은색 원이 선명하게 그려져 있습니다. 이러한 생각-에너지체를 내뿜는 사람은 분명히 절박한 위험에 처해 있습니다. 그는 분명히 절망의 늪에 빠졌기 때문입니다. 도박꾼이기 때문에 그를 지탱해 줄 원칙이 없으므로 자살이라는 환상의 도피처에 의지할 가능성이 매우 높습니다. 하지만 심령계에서 깨어나면 자신의 상태가 나아진 것이 아니라 오히려 악화되었다는 것을 알게 될 것입니다. 자살하는 사람은 항상 그렇습니다. 왜냐하면 그의 비겁한 행동이 죽음 이후에 보통 따르는 행복과 평화로부터 그를 단절시키기 때문입니다.

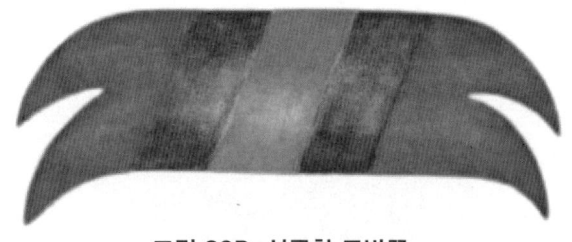

그림 32B. 성공한 도박꾼

32B 그림 형태는 아마도 그 영향이 훨씬 더 해로운 마음 상태를 나타냅니다. 이것은 성공한 도박꾼이 부당하게 얻은 이득에 대해 기뻐하는 것입니다. 여기서 윤곽은 완벽하게 뚜렷하며, 자신의 악행을 계속하려는 그 사람의 결의는 명백합니다. 중앙의 넓은 주황색 띠는 그 사람이 돈을 잃었을 때는 운명의 변덕스러움을 저주할 수 있지만, 돈을 땄을 때는 자신의 성공을 전적으로 자신의 뛰어난 천재성 덕분이라고 생각한다는 것을 매우 분명하게 보여 줍니다. 아마도 그는 자신이 믿는 어떤 시스템을 발명했고, 그것에 대해 지나치게 자랑스러워할 것입니다. 하지만 주황색의 양쪽에는 이기심의 단단한 선이 있고,

이것이 다시 탐욕으로 바뀌어 단순한 동물적인 소유욕이 되는 것을 볼 수 있습니다. 이것은 생각-에너지체의 발톱 같은 끝부분에 의해 매우 명확하게 표현됩니다.

교통사고 목격 시 생성된 생각-에너지체

33번 그림은 같은 감정이 다른 사람들에게서 어떻게 다른 형태를 취할 수 있는지 보여 준다는 점에서 교훈적입니다. 이 두 가지 감정의 증거는 길거리 사고, 즉 지나가는 차량에 치여 누군가가 쓰러져 가볍게 다친 사고를 목격한 사람들 사이에서 동시에 나타났습니다. 이 두 가지 생각-에너지체를 만들어 낸 사람들은 모두 피해자에 대한 애정 어린 관심과 고통에 대한 깊은 연민으로 가득 차 있었기 때문에, 윤곽은 완전히 다르지만 생각-에너지체는 정확히 같은 색상을 나타냈습니다.

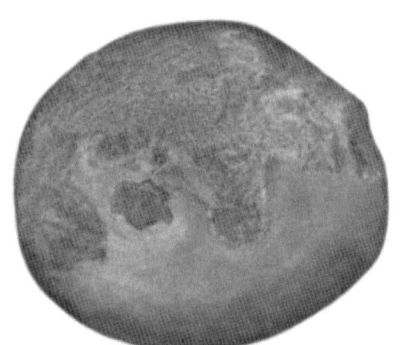

그림 33A. 막연한 구름 형태

막연한 구름 형태가 떠 있는 사람은 "불쌍한 사람, 얼마나 슬픈 일인가!"라고 생각하는 반면, 명확하게 정의된 원반 형태를 만든 사람은 이미 어떻게 도움을 줄 수 있을지 알아보기 위해 앞으로 달려 나가고 있습니다. 한 사람은 예민한 감수성을 지닌 몽상가이고, 다른 한 사람은 행동하는 사람입니다.

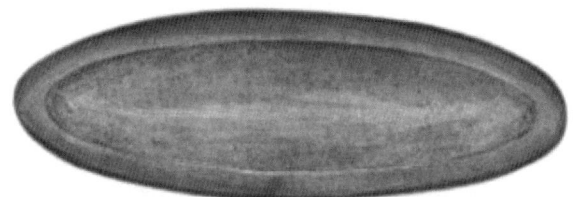

그림 33B. 명확한 원반 형태

장례식장에서 목격된 생각-에너지체들

34번 그림은 지식의 이점, 즉 우리가 살아가는 위대한 자연법칙에 대한 명확한 이해를 통해 사람의 마음가짐에 일어나는 근본적인 변화를 보여 주는 매우 인상적인 예입니다. 색상, 형태, 의미의 모든 면에서 완전히 다르지만, 이 두 가지 생각-에너지체는 동시에 나타났으며 같은 사건에 대한 두 가지 관점을 나타냅니다. 그것들은 장례식에서 관찰되었으며, "애도자" 두 사람의 마음속에서 죽음에 대한 생각으로 인해 생겨난 감정을 보여 줍니다. 생각하는 사람들은 죽은 사람과 같은 관계에 있었지만, 한 사람은 오늘날 매우 안타깝게도 흔히 볼 수 있는 초월적 삶에 대한 짙은 무지에 젖어 있는 반면, 다른 한 사람은 신지학의 빛이라는 헤아릴 수 없는 이점을 누리고 있었습니다.

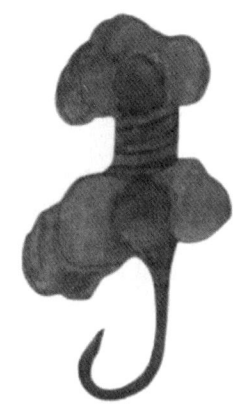

그림 34A. 무지로 인한 두려움

전자의 생각에서는 깊은 우울증, 두려움, 이기심 외에는 아무것도 표현되지 않았습니다. 죽음이 너무 가까이 다가왔다는 사실은 분명히 애도자의 마음속에 언젠가는 자신에게도 죽음이 닥칠 수 있다는 생각을 불러일으켰고, 이에 대한 예상은 그에게 매우 끔찍합니다. 하지만 그는 자신이 무엇을 두려워하는지 모르기 때문에 자신의 감정이 나타나는 구름은 적절하게 막연합니다. 그의 유일한 명확한 감정은 절망과 개인적인 상실감이며, 이는 갈색-회색과 납빛 회색의 규칙적인 띠로 나타납니다. 실제로 무덤으로 내려가 관을 감싸는 매우 기이한 아래쪽 돌출부는 죽은 사람을 육체적 삶으로 다시 끌어들이려는 강한 이기적인 욕망의 표현입니다.

그림 34B. 진리에 대한 명확한 인식

　이러한 우울한 그림에서 벗어나 똑같은 상황이 그것을 이해하는 사람의 마음에 미치는 놀랍도록 다른 효과를 보는 것은 상쾌한 일입니다. 두 사람에게는 공통된 감정이 하나도 없습니다. 앞의 경우에는 모두 낙담과 공포였지만, 이 경우에는 가장 고귀하고 아름다운 감정만을 발견합니다. 이 생각-에너지체의 끝 밑단의 형태에서 우리는 깊은 동정심의 완전한 표현을 볼 수 있습니다. 밝은 녹색은 애도하는 사람들의 고통에 대한 이해와 위로를 나타내며, 더 짙은 녹색 띠는 생각하는 사람의 죽은 사람에 대한 태도를 보여 줍니다. 진한 장미색은 죽은 이와 산 자 모두에 대한 애정을 나타냅니다.

　원뿔 모양의 상단부와 그로부터 올라오는 별들은 죽음이라는 주제를 고려할 때 생각하는 사람의 내면에서 일어나는 감정을 보여 줍니다. 파란색은 경건한 측면을, 보라색은 고귀한 이상에 대한 생각과 그에 반응할 수 있는 능력을 나타냅니다. 황금빛 별들은 이러한 묵상이 불러일으키는 영적 열망을 의미합니다.

이 생각-에너지체의 중앙에 보이는 맑은 노란색 띠는 매우 중요한 의미를 지닙니다. 이는 그 사람의 전체적인 태도가 상황에 대한 지적 이해를 바탕으로 하고 있음을 나타냅니다. 이는 또한 색상 배열의 규칙성과 색상 간 경계선의 명확성에서도 드러납니다.

이 그림에서 보이는 두 그림의 비교는 신지학 가르침에서 주어진 지식의 가치에 대한 매우 인상적인 증거입니다. 의심할 여지 없이, 이 진실에 대한 지식은 죽음에 대한 모든 두려움을 없애 주고 삶의 목적과 끝을 이해하게 하여 삶을 더 쉽게 살 수 있도록 해 줍니다. 그리고 우리는 죽음이 삶의 과정에서 완벽하게 자연스러운 사건이며, 우리의 진화에 필요한 단계라는 것을 깨닫습니다.

이러한 내용은 모든 그리스도교 국가들에 널리 알려져야 할 사실이지만, 현실은 그렇지 않습니다. 신지학은 죽음 이후의 진실뿐만 아니라 다른 여러 진리들을 서구 세계에 전달합니다. 무덤 너머에는 어둡고 알 수 없는 심연이 있는 것이 아니라 우리가 지금 살고 있는 물질계 그 이상의 명확하고 완전한 생명과 빛의 세계가 있습니다. 무서운 이야기로 스스로를 겁먹게 하는 아이들처럼, 우리는 스스로 우울함과 공포를 만들어 냈습니다. 우리는 사실을 연구하기만 하면 되고, 그러면 이 모든 인위적인 구름은 즉시 걷힐 것입니다. 우리는 이 문제에 있어서 조상으로부터 온갖 장례식의 공포를 물려받았기 때문에 사악한 영향을 받고 있습니다. 그래서 우리는 그것에 익숙해져 있으며, 그것의 부조리함과 괴기함을 보지 못합니다. 고대인들은 이 점에서 우리보다 현명했습니다. 그들은 이 모든 우울한 환상을 육체의 죽음과 연관시키지 않았습니다. 아마도 부분적으로는 그들이 육체를 처리하는 훨씬 더 합리적인 방법[15]을 가지고 있었기 때문일 것입니다. 그 방법은 죽은 사람에게는 훨씬 더 좋고 살아 있는 사람에게는 더 건강할 뿐만 아니라, 느린 부패와 관련된 끔찍한 암시[16]들로부터 자유로웠습니다. 그들은 그 당시 죽음에 대해 훨씬 더 많이 알고 있었고, 더 많이 알았기 때문에 슬픔도 덜했습니다.

반가운 만남 시 생각-에너지체

35번 그림은 각 색상이 다른 색상과 잘 구분되는, 훌륭하고 명확하게 정의된 표현력이 뛰어난 생각-에너지체의 예를 보여 줍니다. 이것은 오랫동안 헤어졌던 친구를 만났을 때 한 남자의 감정을 나타냅니

---

15. (역자 주) 화장을 의미하는 것으로 볼 수 있다.
16. (역자 주) 19세기 초 영국의 맥락에서, '끔찍한 암시들'은 당시의 장례 관행과 시신 처리 방식에 대한 언급으로 보인다. 이 시기에는 매장이 주된 시신 처리 방법이었고, 이는 시신의 느린 부패 과정을 동반했다.

다. 초승달의 볼록한 표면은 생각하는 사람에게 가장 가까우며, 두 팔은 마치 친구를 포옹하려는 듯 다가오는 친구를 향해 뻗어 있습니다. 장밋빛은 자연스럽게 느껴지는 애정을 나타내고, 밝은 녹색은 존재하는 깊은 동정심을 보여 주며, 맑은 노란색은 생각-에너지체를 만든 사람이 오래전의 즐거운 추억을 되살리는 것에 대해 기대하는 지적인 즐거움의 표시입니다.

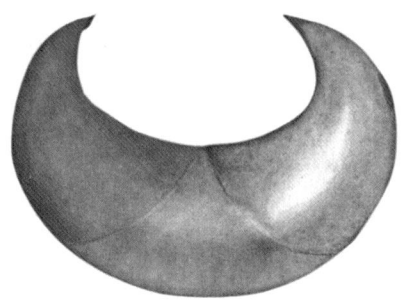

그림 35. 반가운 친구를 만났을 때

성화 감상 중 생성된 생각-에너지체

36번 그림은 종교적 주제를 다룬 아름다운 그림에 대한 감상자의 기쁨 어린 감상을 나타내는 다소 복잡한 생각-에너지체를 보여 줍니다. 선명하고 순수한 노란색은 감상자가 예술가의 기술적 능력을 열정적으로 인정하고 있음을 나타냅니다. 반면 다른 모든 색상들은 감상자가 이처럼 영광스러운 예술 작품을 살펴보면서 내면에서 일어나는 다양한 감정들을 표현합니다. 초록색은 감상자가 그림 속 중심인물에 대해 공감하고 있음을 보여 줍니다. 깊은 신앙심은 넓은 파란 띠에서뿐만 아니라 전체 형상의 윤곽선에서도 나타납니다. 보라색은 그림이 그 사람의 생각을 고귀한 이상에 대한 사색으로 이끌었고, 적어도 그 순간에는 그 이상에 반응할 수 있게 되었음을 보여 줍니다.

여기서 우리는 흥미로운 종류의 생각-에너지체의 첫 번째 사례를 보게 됩니다. 이러한 종류의 생각-에너지체는 이후에도 많은 예시들을 발견하게 될 것입니다. 이 생각-에너지체의 특징은 서로 전혀 다른 색조의 선들로 이루어진 그물망을 통해 한 가지 색의 빛이 비춘다는 점입니다.

이 사례에서 주목할 만한 점은 보라색 덩어리에서 많은 물결 모양의 선들이 솟아나 황금빛 평원 위를 흐르는 시냇물처럼 흐른다는 것입니다. 이러한 현상은 가장 고귀한 열망이 결코 모호하지 않다는 것을 분명히 보여 줍니다. 오히려 이 열망은 상황에 대한 지적 이해와 그것을 실현할 수 있는 방법에 대한 명확한 이해를 통해 철저히 뒷받침되고 있습니다.

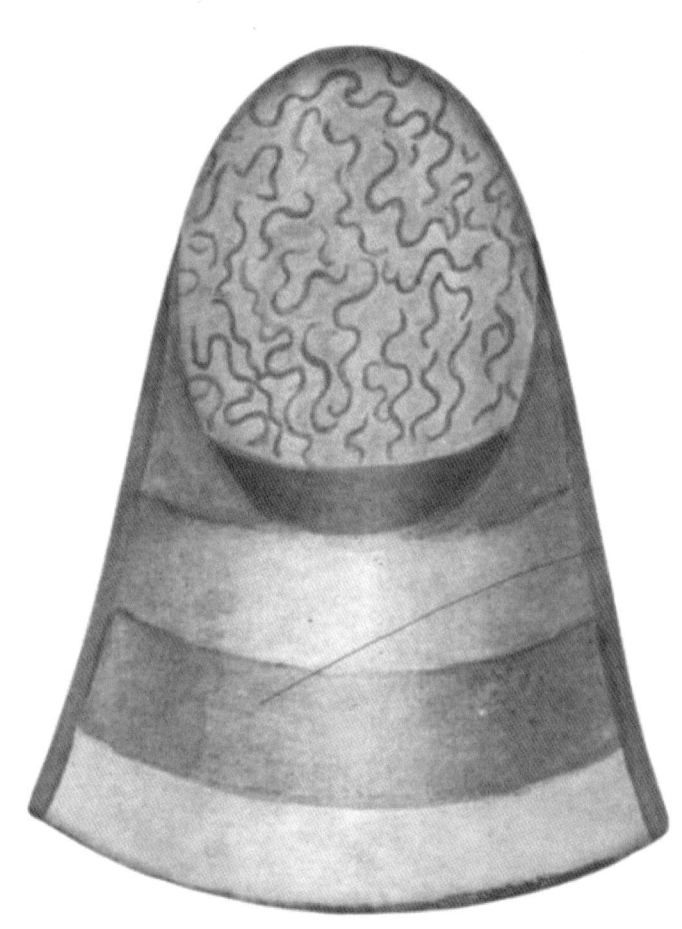

그림 36. 성화 감상

5. 명상 중 만들어지는 지성-욕망의 에너지체

인류를 향한 동정과 사랑

지금까지 우리는 주로 외부 환경에 의해 마음속에서 일어나는 생각이나 감정을 표현하는 형태를 다루었습니다. 이제 우리는 내면에서 일어나는 생각, 즉 명상 중에 생성되는 형태를 살펴보겠습니다. 각 형태는 생각하는 사람이 의식적으로 특정 개념을 형성하거나 특정 태도를 취하려고 노력한 결과입니다. 당연히 그러한 생각은 명확합니다. 이러한 방식으로 자신을 훈련하는 사람은 명확하고 정확하게 생각하는 법을 배우고, 이러한 방향으로 능력이 발달하면 생성되는 형태의 아름다움과 규칙성으로 나타납니다.

그림 37

 이 경우 우리는 생각하는 사람이 모든 인류를 향한 동정심과 사랑의 태도를 취하려고 노력한 결과를 보고 있습니다. 따라서 우리는 강한 장밋빛 애정의 빛이 그 사이에서 빛나는 우아한 빛나는 녹색 동정심 선들을 보게 됩니다(37번 그림). 선들은 여전히 충분히 넓고 간격이 넓어서 쉽게 그릴 수 있습니다. 하지만 이 유형의 생각-에너지체의 더 높은 예에서는 선이 너무 가늘고 조밀해서 인간의 손으로는 실제 모습을 표현할 수 없습니다. 이 생각-에너지체의 윤곽은 나뭇잎 모양이지만, 그 모양과 선의 곡선은 특정 종류의 조개껍데기를 더 연상시킵니다. 따라서 이것은 16번 그림에 대해 설명하면서 언급했던 물리적 자연에서 볼 수 있는 형태와의 유사성의 또 다른 예입니다.

모두를 포용하려는 열망

38번 그림에서 우리는 훨씬 더 발전된 같은 유형의 예를 봅니다. 이 형태는 명상하는 동안 모든 인류를 감싸안아 자신의 눈앞에 빛나는 높은 이상을 향해 그들을 끌어올리려는 열망으로 마음을 채우려고 노력하는 사람에 의해 생성되었습니다. 그래서 그가 만들어 내는 형태는 그에게서 쏟아져 나와 스스로 휘어져 다시 기저부로 돌아가는 것처럼 보입니다. 따라서 놀랍도록 가는 선들이 사랑스럽고 빛나는 보라색으로 그려지고, 형태 내부에서 영광스러운 황금빛이 빛나는데, 불행히도 이것은 재현이 불가능합니다.

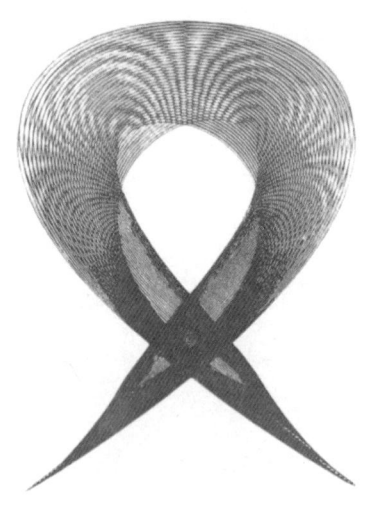

그림 38

사실 이 모든 복잡해 보이는 선들은 실제로는 하나의 선이 지칠 줄 모르는 인내심과 놀라운 정확성으로 형태를 몇 번이고 맴도는 것일 뿐입니다. 인간의 손으로 이런 그림을 이런 규모로 그리는 것은 거의 불가능하며, 어떤 경우에도 색상의 효과를 보여 줄 수 없습니다. 실험을 통해 알 수 있듯이 노란색 배경에 가는 보라색 선을 가까이 그리려고 하면 즉시 회색 효과가 나타나 원본과의 모든 유사성이 파괴되기 때문입니다. 하지만 손으로 할 수 없는 것을 때로는 기계의 뛰어난 정확성과 섬세함으로 달성할 수 있으며, 우리 그림이 재현된 그림은 이러한 방식으로 만들어졌습니다. 선과 곡선의 놀라운 섬세함뿐만 아니라 색상 효과를 표현하려는 시도도 있었습니다.

여섯 방위의 사랑과 동정

39번 그림에 나타난 형태는 모든 방향으로 사랑과 동정심을 확장하려는 또 다른 노력의 결과입니다. 결과는 매우 다르게 보이지만 37번 그림을 탄생시킨 노력과 거의 똑같습니다. 이러한 다양성과 이 경우에 나타나는 기이한 모양의 이유는 생각-에너지체가 성장하는 방식을 매우 흥미롭게 보여 줍니다.

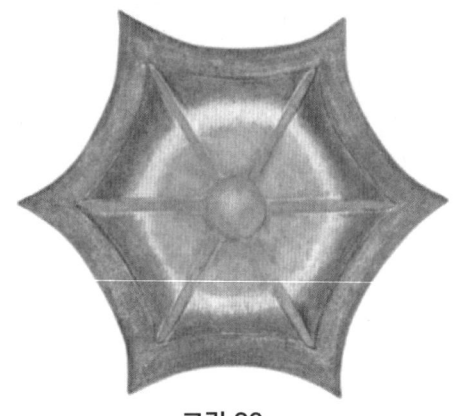

그림 39

    이 경우 생각하는 사람은 상당한 신앙적인 감정을 나타내고 있으며, 자신의 소원을 실현하는 데 필요한 조건을 이해하기 위해 지적인 노력을 기울였습니다. 파란색과 노란색은 이것을 증명합니다. 원래 이 생각-에너지체는 원형이었고, 지배적인 생각은 동정심의 녹색이 모든 방향을 향하도록 바깥쪽에 있어야 하고, 사랑은 생각의 중심과 심장에 있어서 밖으로 나가는 에너지를 지휘해야 한다는 것이었습니다. 하지만 이 생각-에너지체를 만든 사람은 힌두교 책을 읽었고, 그의 사고방식은 그 책의 영향을 크게 받았습니다. 동양 문학을 공부하는 사람들은 힌두교인들이 우리처럼 4방위(북, 동, 남, 서)를 말하는 것이 아니라, 천정과 천저를 포함하여 항상 6방위를 말한다는 것을 알고 있을 것입니다. 우리 친구는 독서를 통해 "6방위로" 사랑과 동정심을 쏟아야 한다는 생각에 사로잡혔습니다. 하지만 그는 6방위가 무엇인지 정확히 이해하지 못했기 때문에 자신의 원에서 6개의 등거리 지점을 향해 애정의 흐름을 향하게 했습니다. 밖으로 쏟아져 나오는 흐름은 그가 이미 만들어 놓은 바깥쪽 선의 모양을 바꾸었고, 따라서 그의 생각-에너지체의 단면으로 원을 갖는 대신 안쪽으로 휘어진 변을 가진 이 기이한 육각형을 갖게 되었습니다. 따라서 우리는 모든 생각-에너지체가 얼마나 충실하게 그 형성 과정을 기록하고, 심지어 구성의 오류까지도 지울 수 없게 기록하는지 알 수 있습니다.

우주적 질서에 대한 지성적인 개념

40번 그림에서 우리는 우주 질서에 대한 지적인 개념을 얻으려는 시도의 결과를 봅니다. 생각하는 사람은 분명히 신지학자였으며, 그가 영이 물질에 작용하는 것을 생각하려고 할 때 본능적으로 잘 알려진 협회의 인장에 묘사된 것과 같은 상징주의를 따르는 것을 볼 수 있습니다. 여기에는 영의 삼중적 측면을 나타내는 위쪽을 가리키는 삼각형이, 물질과 그 세 가지 고유한 속성을 나타내는 아래쪽을 가리키는 삼각형과 겹쳐 있습니다.

그림 40

　일반적으로 우리는 위쪽 삼각형을 흰색이나 금색으로, 아래쪽 삼각형을 파란색이나 검은색과 같은 어두운 색조로 나타냅니다. 하지만 이 경우 생각하는 사람은 지적인 노력에 너무 몰두하여 형태 안에 노란색 이외의 색상은 나타나지 않습니다. 아직 헌신, 경이로움 또는 감탄의 감정이 들어설 여지가 없습니다. 그가 깨닫고 싶어 하는 생각이 다른 모든 것을 배제하고 그의 마음을 완전히 채웁니다. 그럼에도 불구하고 광선 배경에 대해 뚜렷하게 드러나는 윤곽의 명확성은 그가 높은 수준의 성공을 거두었음을 보여 줍니다.

현현한 로고스

　이제 우리는 인간의 마음이 명상을 통해 신성한 존재의 근원을 생각할 때 형성할 수 있는 가장 고귀한 일련의 생각들을 살펴보겠습니다. 사람이 경건한 마음으로 태양계의 로고스를 향해 생각을 높이려고 할 때, 그는 자연스럽게 그 존엄한 존재를 마음속에 그리려고 하지 않습니다. 또한 그분이 우리가 이해할 수 있는 어떤 형태를 가지고 있다고 생각하지 않습니다. 그럼에도 불구하고 그러한 생각은 정신계의 물질 속에서 스스로 형태를 만듭니다. 그리고 우리가 그 형태를 살펴보는 것은 흥미로운 일일 것입니다.

그림 41

41번 그림에서 우리는 인간에게 나타난 로고스에 대한 생각과 그 로고스께서 이 생각을 하는 사람을 통해 드러나시기를 바라는 경건한 열망을 볼 수 있습니다. 오각별에 옅은 푸른빛을 띠게 하는 것은 바로 이 경건한 마음입니다. 그리고 이 오각별의 모양은 아주 오랜 세월 동안 인간 안에 현현하신 신을 상징하는 것으로 사용되어 왔기에,

그 자체로 깊은 의미를 지닙니다. 이 생각을 한 사람은 아마도 프리메이슨이었을 것이고, 그 단체에서 사용하는 상징주의에 대한 그의 지식이 별의 모양을 만드는 데 일조했을 것입니다. 별은 영광의 구름 속에서 빛나는 밝은 노란색 광선으로 둘러싸여 있습니다. 이는 신성의 경이로운 영광에 대한 경건한 이해를 나타낼 뿐만 아니라, 헌신적인 마음과 더불어 명확한 지적 노력을 나타냅니다.

모든 곳에 편재하는 로고스

다음 두 그림은 매우 높은 유형의 생각, 즉 모든 자연에 편재하고 있는 로고스를 생각하려는 노력을 표현하는 데 사용되었습니다. 여기서도 38번 그림에서처럼 완벽한 재현은 불가능하며, 독자 여러분께 그림과 인쇄 기술의 부족함을 어느 정도 보완할 수 있는 상상력을 발휘해 주시기를 부탁드립니다. 42번 그림에 묘사된 황금색 공은 44번 그림에 그려진 섬세한 선(파란색)으로 이루어진 다른 공 안에 있다고 생각해야 합니다. 물질계에서 이러한 색상을 그렇게 가까이 배치하려는 시도는 단순히 녹색 얼룩을 만드는 결과를 초래하여 생각-에너지체의 전체적인 특징이 사라집니다. 앞서 언급한 기계를 사용해야만 선의 우아함과 섬세함을 표현할 수 있습니다. 이전과 마찬가지로, 단 하나의 선이 그림 44의 모든 아름다운 무늬를 만들어 냅니다. 빛의 십자가 모양을 만드는 것처럼 보이는 네 개의 방사선 효과는 단순히 곡선들이 실제로는 동심원이 아니기 때문에 나타나는 현상입니다. 처음 보기에는 동심원처럼 보이지만 말입니다.

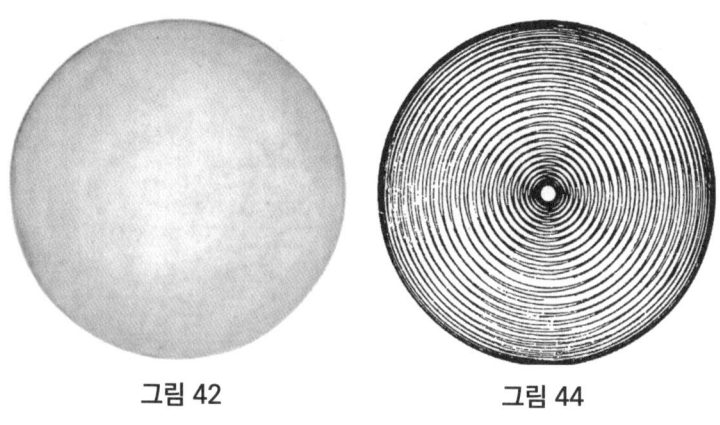

그림 42   그림 44

또 다른 개념

45번 그림은 다른 사람이 똑같은 생각을 하려고 할 때 만들어 내는 형태를 보여 줍니다. 여기서도 우리는 상상할 수 없을 정도로 섬세한 파란색 선들의 놀라운 복잡성을 보게 되며, 여기서도 우리의 상상력은 42번 그림의 황금색 구를 삽입하여 그 영광이 모든 지점에서 빛나도록 해야 합니다.

그림 45

또한 44번 그림에서처럼 고대 동양 검의 다마스쿠스 강철 무늬나 물결무늬 비단이나 무아레 앤티크에서 볼 수 있는 것과 유사한 기이하고 아름다운 무늬가 있습니다. 이 형태를 진자로 그릴 때, 그 무늬는 의도적으로 만들어진 것이 아니라 무수히 많은 미세한 선들이 교차한 결과일 뿐입니다. 44번 그림의 형태를 창조한 생각하는 사람은 로고스의 통일성을 가장 중요하게 생각했음이 분명한 반면, 45번 그림의 형태를 창조한 사람은 신성한 생명이 쏟아져 나오는 하위 중심들을 명확하게 염두에 두고 있으며, 그에 따라 많은 하위 중심들이 생각-에너지체로 나타났습니다.

3중 현현

46번 그림에 나타난 형태가 만들어졌을 때, 그 창조자는 로고스의 삼중 현현을 생각하려 노력하고 있었습니다. 형태의 중심에 있는 빈 공간은 눈부신 노란빛으로 가득 차 있었는데, 이는 분명히 제1 측면을 상징합니다. 제2 측면은 이 중심을 둘러싼 넓고 촘촘하게 얽힌, 거의 혼란스러울 정도의 선들로 이루어진 고리로 상징되었습니다. 제3 측면은 더 느슨하게 짜인 것처럼 보이는 좁은 바깥 고리로 암시됩니다. 전체 형상은 보라색 선들 사이로 빛나는 일반적인 황금빛으로 가득 차 있습니다.

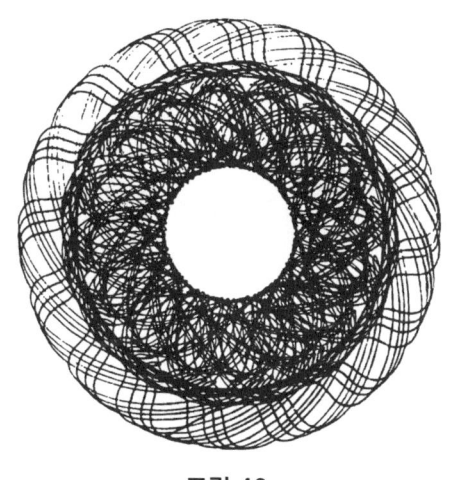

그림 46

7중 현현

모든 종교에는 로고스가 7개의 강력한 채널을 통해 자신을 나타낸다는 위대한 진리의 전통이 남아 있습니다. 이는 종종 하위 로고스 또는 위대한 행성의 영으로 여겨집니다. 그리스도교에서는 이들이 일곱 대천사로 나타나며, 때로는 하나님의 보좌 앞에 있는 일곱 영이라고 불립니다.

그림 47

47번 그림은 이러한 신성의 현현 방식을 명상하고자 한 결과입니다. 이 중심에는 강한 황금빛 광채가 있고, 형태 전체에 이 광채가 은은히 퍼져 있습니다. 선은 파란색이며, 중심의 영광을 둘러싸는 일곱 개의 우아하고 깃털 같은 이중 날개를 연속적으로 그리고 있습니다. 이 날개들은 분명히 중심 영광의 일부로 의도되었습니다. 생각이 강해지고 확장됨에 따라, 이 아름다운 날개들은 색상이 보라색으로 변하고 꽃잎처럼 변합니다. 그리고 복잡하지만 매우 효과적인 패턴으로 서로 겹쳐집니다. 이는 우리에게 고차원 물질에서 이러한 형태들이 형성되고 성장하는 과정에 대한 매우 흥미로운 통찰을 제공합니다.

지성적 열망

43번 그림은 15번 그림의 형태와 어느 정도 비슷해 보이나 43번 그림이 15번 그림보다 훨씬 더 고차원적이고 숭고한 생각을 표현하고 있습니다. 그래서 이 생각을 한 사람이 훨씬 더 높은 영적 경지에 이르렀음을 보여 줍니다. 43번 그림에서는 맑고 옅은 보라색의 거대하고 뚜렷한 창 혹은 연필과 같은 형체를 볼 수 있습니다. 이는 가장 고귀한 이상에 대한 헌신을 나타냅니다. 그리고 이 형체는 지극히 고결하게 발현된 지성이 만들어 낸, 매우 훌륭한 형태로 윤곽이 잡히고 더욱 강해집니다. 이와 같이 생각할 수 있는 사람은 이미 성스러운 길에 들어선 것이 분명합니다. 왜냐하면 그는 생각의 힘을 매우 강력하게 사용하는 법을 터득했기 때문입니다. 이 생각의 에너지체는 보라색과 그 형태를 이루는 색 모두에 비범한 영적 능력을 암시하는 백색광이 강하게 섞여 있다는 점을 주목할 필요가 있습니다.

그림 43

분명히 이러한 생각-에너지체에 대한 연구는 매우 인상적인 실물 교훈이 될 것입니다. 우리는 그것으로부터 무엇을 피하고 무엇을 길러야 할지 알 수 있고, 이 강력한 힘을 행사할 때 우리에게 얼마나 엄청난 책임이 있는지 점차 이해하게 될 수 있기 때문입니다. 우리가 처음에 말했듯이, 생각이 물질이며 강력한 것이라는 사실은 정말로 무서울 정도로 사실입니다. 그리고 우리 모두가 밤낮으로 끊임없이 이런 생각들을 만들어 내고 있다는 것을 기억해야 합니다. 이 지식이 우리에게 얼마나 큰 행복을 가져다주는지, 그리고 슬픔이나 고통에 처한 누군가를 알 때 우리가 얼마나 영광스럽게 이 지식을 활용할 수 있는지 보십시오. 아무리 그렇게 하고 싶더라도 말이나 행동으로 물리적인 도움을 줄 수 없는 상황이 자주 발생합니다. 하지만 생각으로 도움을 줄 수 없는 경우는 없으며, 생각으로 도움을 주는 것이 명확한 결과를 만들어 내지 못하는 경우도 없습니다. 그 순간 우리의 친구가 자신의 고통에 너무 몰두해 있거나, 아마도 너무 흥분해서 외부의 어떤 제안도 받아들이지 못할 수도 있습니다. 하지만 머지않아 우리의 생각-에너지체가 침투하여 스스로를 방출할 수 있는 때가 오고, 그때 분명히 우리의 동정심은 마땅한 결과를 낳을 것입니다. 그러한 힘을 사용할 때의 책임이 크다는 것은 사실이지만, 그렇다고 해서 우리의 의무를 회피해서는 안 됩니다. 슬프게도 많은 사람들이 무의식적으로 자신의 생각의 힘을 주로 악을 위해 사용하고 있다는 것은 사실이지만, 이것은 삶을 조금씩 이해하기 시작한 우리가 의식적으로 생각의 힘을 사용하고 선을 위해 사용해야 할 필요성을 더욱 크게 만듭니다. 우리에게는 결코 실패하지 않는 기준이 있습니다. 우리가 항상 위대하고 신성한 진화 계획과 일치하고 동료 인간을 고양시키기 위해 생각의 힘을 사용한다면, 이 강력한 생각의 힘을 결코 오용할 수 없습니다.

도움이 되는 생각들의 형상들

48번 그림부터 54번 그림까지는 스케치를 제공해 준 친구가 체계적으로 도움이 되는 생각을 보내려 시도한 결과입니다. 이 실험은 매일 정해진 시간에 생각 전이 실험이 진행되었습니다. 송신자는 일부 경우에 생각-에너지체를 볼 수 있었으나 수신자는 모든 경우에 생각-에너지체를 인식했습니다. 이 실험에서는 수신자는 즉시 자신이 본 것을 대략적으로 스케치하여 우편으로 송신자에게 보냈습니다.

송신자는 이에 대해 다음과 같은 친절한 설명을 제공했습니다.

"첨부된 채색 그림에서 파란색 특징들은 생각의 더욱 경건한 요소를 나타낸 것으로 보입니다. 노란색 형태들은 지적 강인함 또는 정신적 힘과 용기를 전달하려는 시도와 함께 나타났습니다. 장밋빛 분홍색은 생각이 애정 어린 공감과 혼합되었을 때 나타났습니다."

송신자(A)가 정해진 시간에 자신의 생각을 의도적으로 구체화할 수 있었을 때, 수신자(B)는 48번, 49번, 54번 그림과 같은 크고 선명한 생각-에너지체를 보았다고 보고했습니다. 특히 그림 54의 생각-에너지체는 수 분 동안 지속되면서 끊임없이 빛나는 노란색 '메시지'를 수신자(B)에게 전달했습니다.

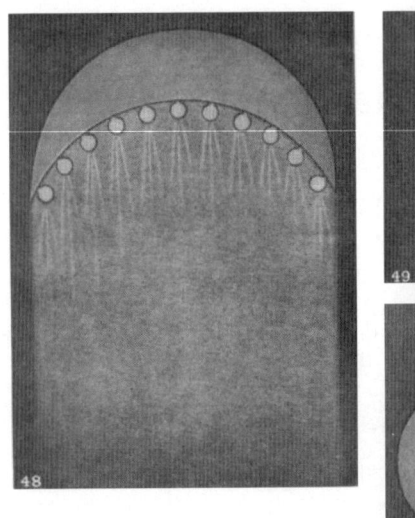
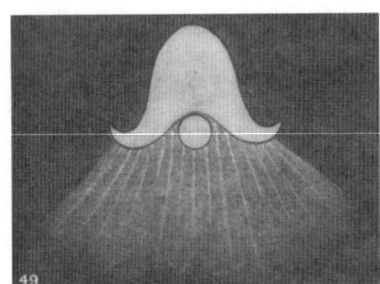

그러나 송신자(A)가 불가피하게 어려운 상황(예를 들어 야외를 걷고 있는 상황)에서 실험을 해야 했을 때는, 송신자(A)는 때때로 자신의 '생각-에너지체'가 50번, 51번, 52번 그림같이 더 작은 구체나 형태들로 분리되는 것을 보았습니다. 이때 수신자(B) 역시 이렇게 분리된 형태로 수신했다고 보고했습니다.

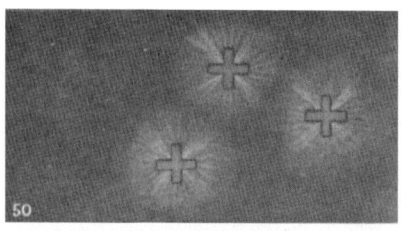

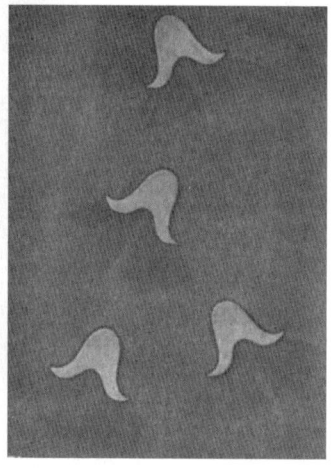

이런 방식으로 많은 세부 사항들이 서로의 관점에서 검토되고 비교될 수 있었으며, 전달된 영향의 성질은 또 다른 검증 수단을 제공했습니다.

한번은 송신자(A)가 파란색-핑크색 연관성을 가진 사고를 보내려고 했을 때, 핑크색 요소의 본질이 오해되지 않을까 하는 불안감으로 인해 방해를 받았습니다. 수신자(B)의 보고에 따르면 처음에는 54번 그림과 같이 명확하게 정의된 구체가 보였지만 이내 갑자기 사라지고, 53번 그림과 같이 작은 연두색 삼각형들의 움직이는 행렬로 대체

되었습니다. 이러한 몇 개의 그림들은 관찰된 다양한 꽃 모양과 기하학적 형태들의 극히 일부만을 보여 줍니다. 더욱이 물감이나 크레용 작업으로는 생각-에너지체가 지닌 생생한 색채의 빛나는 아름다움을 표현하는 것이 불가능해 보입니다.

6. 음악이 만들어 내는 에너지체

이 작은 논문을 마치기 전에, 물리적인 감각에만 의존하여 정보를 얻는 사람들에게는 알려지지 않은 또 다른 유형의 형태를 몇 가지 소개하는 것이 독자 여러분에게 흥미로울 것입니다. 많은 사람들은 소리가 색상과 관련되어 있다는 것을 알고 있습니다. 예를 들어, 음악의 음표가 울릴 때 예민한 감각이 발달한 사람들은 그에 해당하는 음표 색상의 섬광을 볼 수 있습니다. 그러나 소리가 색상뿐만 아니라 형태도 만들어 내고, 모든 음악 작품이 그러한 성격의 인상을 남긴다는 것은 잘 알려져 있지 않습니다. 그 인상은 상당한 시간 동안 지속되며, 투시력을 가진 사람들에게는 명확하게 보이고 이해할 수 있습니다. 그러한 모양은 엄밀히 말하면 생각-에너지체가 아닐 수도 있습니다. 물론 우리가 그것을 작곡가의 생각이 음악가의 악기를 통한 기술로 표현된 결과로 받아들인다면 생각-에너지체라고 할 수 있습니다.

그러한 형태 중 일부는 매우 인상적이며, 당연히 그 다양성은 무한합니다. 각 종류의 음악은 고유한 유형의 형태를 가지고 있으며, 작곡가의 스타일은 음악이 만들어 내는 형태에 분명하게 나타납니다. 마치 사람의 성격이 그의 필체에 나타나는 것처럼 말입니다. 다른 변형 가능성은 음악을 연주하는 악기의 종류와 연주자의 능력에 따라 달라집니다. 같은 음악 작품을 정확하게 연주하면 항상 같은 형태가 만들어지지만, 그 형태는 피아노로 연주할 때보다 교회 오르간이나 군악대로 연주할 때 훨씬 더 커집니다. 그리고 결과적으로 나타나는 형태의 크기뿐만 아니라 질감도 매우 다를 것입니다. 바이올린으로 연주한 음악 작품의 결과와 플루트로 연주한 같은 작품의 결과 사이에도 질감에 비슷한 차이가 있을 것입니다. 또한 연주의 우수성 역시 음악의 에너지체에 영향을 미칩니다. 표현과 연주가 모두 완벽한 진정한 음악가의 작품이 만들어 내는 형태는 눈부시게 아름답습니다. 반면, 기계적이고 무미건조하게 연주된 음악은 상대적으로 생기 없고 밋밋한 형태를 띠게 됩니다. 그리고 부정확한 연주는 그에 상응하는 결함을 남깁니다. 따라서 공연의 정확한 특성은 일반 관객들에 비해 투시력을 가진 관찰자에게 더 명확하게 보이게 됩니다.

시간과 능력이 허락된다면, 서로 다른 조건에서 서로 다른 음악 작품이 만들어 내는 형태의 그림으로 수백 권의 책을 채울 수 있다는 것은 분명합니다. 따라서 합리적인 범위 내에서 할 수 있는 최선은 주요 유형의 몇 가지 예를 제시하는 것입니다. 이 책에서는 이러한 예를 세 가지로 제한하고, 쉽게 알아볼 수 있는 대조를 이루는 유형의 음악을 선택하고, 비교를 단순화하기 위해 모두 같은 악기, 즉 매우 훌륭한 교회 오르간으로 연주했을 때 나타나는 모습을 보여 주기로 했습니다. 각 그림에는 교회뿐만 아니라 교회 위 높은 하늘로 솟아오르는 생각-에너지체도 함께 표시됩니다. 그림의 크기는 다르지만 세 경우 모두 동일한 교회입니다. 따라서 음악 에너지체의 상대적인 크기를 쉽게 계산할 수 있다는 점을 기억해야 합니다. 교회 탑의 실제 높이는 30m가 조금 안 되므로 강력한 오르간이 만들어 내는 소리 형태가 얼마나 큰지 알 수 있습니다.

그러한 형태는 적어도 한두 시간 동안 응집력 있는 구조물로 남아 있습니다. 그리고 그 시간 동안 우리의 생각-에너지체가 그러하듯이 모든 방향으로 특징적인 진동을 발산합니다. 음악이 좋으면 그러한 진동의 영향은 그 진동이 작용하는 모든 사람의 심령체를 고양시킬 수밖에 없습니다. 따라서 사회는 그러한 유익한 영향을 쏟아붓는 음악가에게 진정한 감사의 빚을 지고 있습니다. 음악가는 물질계에서 결코 만나거나 알지 못할 수백 명의 사람들에게 좋은 영향을 미칠 수 있기 때문입니다.

멘델스존

이러한 형태 중 첫 번째로, 비교적 작고 단순한 형태가 그림 M에 그려져 있습니다. 여기서 우리는 대략 풍선 모양을 하고 있는 형태를 볼 수 있는데, 이중 보라색 선으로 이루어진 물결 모양의 윤곽선을 가지고 있습니다. 그 안에는 이 윤곽선과 거의 평행하게 움직이는 다양한 색상의 선들이 배열되어 있습니다. 그리고 첫 번째 배열과 교차하고 침투하는 것처럼 보이는 또 다른 다소 유사한 배열이 있습니다. 이 두 세트의 선들은 분명히 교회 안의 오르간에서 시작하여 그 과정에서 지붕을 통과하여 위로 올라갑니다. 물리적인 벽은 분명히 음악의 에너지체 형성에 장해물이 되지 않습니다. 형태의 빈 중앙에는 네 개의 수직선으로 배열된 여러 개의 작은 초승달 모양이 떠 있습니다.

그림 M

이제 이 분야를 처음 접하는 독자에게는 혼란스러울 수 있는 소리 에너지체의 의미를 파악하고, 음악의 에너지체가 어떻게 생겨나는지 설명해 보겠습니다. 먼저 단순한 멜로디는 각 음표를 시각적으로 분석할 수 있습니다. 하지만 더 크고 복잡한 곡이었다면, 이런 방식으로 형태를 분석하는 것은 불가능했을 것입니다. 그리고 이 사례를 분석하면서 알 수 있듯이 모든 세부 사항을 제공할 수는 없습니다. 물결 모양 테두리를 잠시 무시하고 그 안쪽을 보면 같은 방향으로 뻗어 있는 네 줄의 서로 다른 색상의 선이 있는데, 가장 바깥쪽은 파란색이고 나머지는 각각 진홍색, 노란색, 녹색입니다. 이 선들은 매우 불규칙하고 구불구불합니다. 사실, 각 선은 서로 다른 높이에 있는 여러 개의 짧은 선들이 수직으로 연결되어 있습니다. 이러한 짧은 선들은 각각 음표를 나타내는 것 같고, 불규칙적인 배열은 이러한 음표의 연속을 나타냅니다. 따라서 이러한 구불구불한 선들은 각각 멜로디의 한 부분의 움직임을 나타냅니다. 그리고 대략적으로 함께 움직이는 네 개의 선은 각각 고음, 중음, 저음을 나타냅니다. 하지만 심령계 형태에서는 반드시 그 순서대로 나타나는 것은 아닙니다. 여기서 추가적인 설명이 필요합니다. 이처럼 비교적 단순한 멜로디에서도 우리가 도달할 수 있는 범위 내에서는 어떤 규모로도 재현할 수 없을 정도로 미세하게 조절된 색조와 음영이 있습니다. 따라서 음표를 표현하는 짧은 선들은 각각 고유한 색상을 가지고 있다고 말해야 합니다. 전체적으로 가장 바깥쪽 선은 파란색, 그 안쪽 선은 카민색의 인상을 주지만, 각 선은 길이의 모든 부분에서 다릅니다. 따라서 표시된 것은 모든 색조를 정확하게 재현한 것이 아니라 전반적인 인상일 뿐입니다.

서로 교차하는 것처럼 보이는 두 세트의 네 줄은 멜로디의 두 부분에 의해 발생합니다. 전체를 둘러싸고 있는 물결 모양 테두리는 다양한 장식음과 아르페지오의 결과이며, 중앙에 떠 있는 초승달 모양은 고립된 화음이나 스타카토 화음을 나타냅니다. 당연히 아르페지오가 완전히 보라색은 아닙니다. 각 루프마다 색조가 다르지만 전체적으로 다른 색상보다 보라색에 더 가깝습니다. 교회 탑 위의 이 형태의 높이는 아마도 30m가 조금 넘을 것입니다. 하지만 교회 지붕 아래로도 뻗어 있기 때문에 전체 수직 지름은 약 45m일 것입니다. 이 작품은 멘델스존의 〈빈 필의 노래〉 중 하나로, 그의 작품에서 자주 등장하는 섬세한 선조 기법이 특징입니다.

전체 형태는 여러 가지 색상의 화려한 배경에 투영되어 보이는데, 실제로는 사방에서 쏟아져 나오는 진동으로 인해 사방에 구름이 둘러싸여 있습니다.

구노

그림 G에서는 완전히 다른 작품, 즉 구노의 울려 퍼지는 합창곡을 볼 수 있습니다. 그림의 교회는 동일하므로 이 경우 형태의 가장 높은 지점이 탑보다 180m 높이 솟아 있음을 쉽게 계산할 수 있습니다. 하지만 형태의 수직 지름은 그보다 다소 작습니다. 오르가니스트가 분명히 몇 분 전에 연주를 마쳤고, 완성된 형태가 높은 하늘에 떠 있기 때문입니다. 명확하게 정의되고 거의 구형이지만, 오히려 편구형에 가깝습니다. 이러한 모든 형태가 그렇듯이 이 편구형은 비어 있습니다. 중심에서 바깥쪽으로 점차 방사되면서 천천히 크기가 커지고 있지만, 그렇게 함에 따라 비례적으로 덜 선명하고 더 미묘한 모습으로 변하기 때문입니다. 마침내는 응집력을 잃고 연기 고리가 사라지듯 사라집니다. 이전과 마찬가지로 그것을 둘러싸고 스며드는 황금빛 영광은 진동의 방사를 나타내며, 이 경우 멘델스존의 부드러운 음악보다 훨씬 더 많은 비율로 지배적인 노란색을 보여 줍니다.

그림 G

여기 색상은 그림 M보다 훨씬 더 찬란하고 웅장합니다. 이 음악은 속삭이는 멜로디의 실이라기보다는 웅장한 충돌 화음의 연속이기 때문입니다. 예술가는 개별 음표의 효과보다는 화음의 효과를 표현하려고 노력했습니다. 개별 음표를 이렇게 작은 규모로 표현하는 것은 거의 불가능합니다. 따라서 훨씬 더 긴 이 곡에서는 선들이 서로 교차하고 뒤섞여 작곡가가 우리가 느끼도록, 그리고 볼 수 있도록 의도했을 화려한 일반 효과만 남았기 때문에 형식의 전개를 따라가는 것이 더 어렵습니다. 그럼에도 불구하고 음악의 에너지체가 만들어지는 과정을 어느 정도는 파악할 수 있습니다. 가장 쉽게 시작할 수 있는 지점은 그림을 기준으로 왼쪽 하단입니다. 왼쪽 하단에 있는 커다란 보라색 돌출부는 분명 어떤 음악 마디의 시작 화음입니다. 그리고 형태의 바깥선을 따라 위쪽과 둘레를 따라가면 그 음악 마디 특성을 어느 정도 파악할 수 있습니다. 자세히 살펴보면 안쪽에 대략 이 바깥선과 평행하게 진행되는 두 개의 다른 선이 있고, 더 작은 규모로 비슷한 색상의 연속을 보여 줍니다. 그리고 이것들은 아마도 같은 음악 마디가 더 부드럽게 반복되는 것을 나타낼 것입니다.

이러한 특징을 주의 깊게 분석하면 이 겉보기에는 혼란스러운 것처럼 보이는 것에 매우 실제적인 질서가 있다는 것을 곧 확신하게 될 것입니다. 그리고 이 빛나는 영광을 가장 작은 세부 사항까지 정확하게 재현할 수 있다면, 끈기 있게 그것을 완전히 풀어내고 반짝이는 모든 아름다운 색상을 그것을 존재하게 한 바로 그 음표에 할당하는 것도 가능할 것입니다. 이 그림에는 그림 M보다 훨씬 더 적은 세부 사항이 표시되어 있다는 것을 잊지 말아야 합니다. 예를 들어, 이 그림

G에 보이는 점이나 돌출부를 자세히 살펴보면 각각의 점이나 돌출부 안에는 적어도 네 가지 색상의 선, 혹은 띠가 구성 요소로 들어 있습니다. 이 선들은 그림 M에서는 별도로 표시되었던 것들입니다. 하지만 여기서는 그 선들이 하나의 색조로 어우러져 있습니다. 그래서 화음이 주는 전반적인 느낌만을 보여 주고 있습니다. 그림 M에서는 여러 음이 연속적으로 이어질 때 생기는 특성을 하나로 묶어, 시간의 흐름에 따라 수평적으로 보여 주고자 했습니다. 그와 동시에, 네 개의 파트가 함께 연주될 때 각각의 효과를 구분할 수 있도록, 각 파트마다 서로 다른 색깔의 선을 사용했습니다. 그림 G에서는 정확히 그 반대를 시도합니다. 수직으로 결합하고 하나의 부분의 연속적인 음표가 아니라 각각 아마도 6개 또는 8개의 음표를 포함하는 화음을 혼합합니다. 실제 모습은 이 두 가지 효과와 표현할 수 없는 풍부한 디테일이 결합되어 있습니다.

바그너

음악 형태에 대해 조금이라도 연구해 본 사람이라면 그림 W에 묘사된 놀라운 산맥을 주저 없이 리하르트 바그너의 천재성으로 돌릴 것입니다. 아직까지 다른 어떤 작곡가도 그런 힘과 결단력으로 소리 건축물을 만들어 내지 못했기 때문입니다. 이 경우 우리는 높이가 270m이고 바닥 지름이 그보다 조금 작은 거대한 종 모양의 구조물이 교회 위 공중에 떠 있는 것을 볼 수 있습니다. 구노의 형태처럼 속이 비어 있지만, 구노의 형태와 달리 바닥이 열려 있습니다. 연속적으로 후퇴하는 산의 성벽과의 유사성은 거의 완벽하며, 험준한 바위 사이를 굽이치는 구름 덩어리가 원근감을 더해 줍니다. 이 그림에서는 개별 음표나 화음의 효과를 보여 주려는 시도는 하지 않았습니다. 각각의 모방 바위 범위는 멀리서 볼 때 음악 작품의 한 부분의 전반적인 효과만 크기, 모양, 색상으로 나타냅니다. 하지만 실제로는 이것과 그림 G에 주어진 형태 모두 그림 M에 묘사된 것만큼이나 세세한 부분으로 가득 차 있으며, 이 모든 웅장한 색상 덩어리는 이 그림에 그려진 규모로는 개별적으로 보이지 않을 많은 비교적 작은 띠들로 이루어져 있다는 것을 이해해야 합니다. 넓은 결과는 각 산봉우리가 그림에서 보이는 것처럼 고유한 빛나는 색조를 가지고 있다는 것입니다. 즉, 자신의 살아 있는 빛의 영광으로 빛나는 생생한 색상의 훌륭한 터치가 주변의 모든 지역에 찬란한 빛을 퍼뜨립니다. 그러나 이러한 각 색상 덩어리에서는 마치 용융된 금속 표면에서처럼 다른 색상이 끊임없이 깜빡입니다. 따라서 이러한 놀라운 심령계 건축물의 섬광과 반짝임은 어떤 물리적 단어로도 설명할 수 없습니다.

그림 W

이 형태의 눈에 띄는 특징은 두 가지 유형의 음악 사이의 근본적인 차이입니다. 하나는 각진 바윗덩어리를 만들어 내고, 다른 하나는 그 사이에 있는 둥근 구름 모양을 만들어 냅니다. 다른 주제는 종의 기저부에 나타나는 파란색, 장밋빛, 녹색의 넓은 띠로 표현됩니다. 그리고 그 위를 가로지르는 흰색과 노란색의 구불구불한 선은 아마도 잔물결 같은 아르페지오 반주에 의해 만들어졌을 것입니다.

이 세 그림에서는 소리 진동에 의해 직접 만들어진 형태만 그려져 있습니다. 하지만 투시가가 볼 때, 그 형태는 보통 연주자의 개인적인 감정이나 음악에 의해 청중 사이에서 불러일으켜지는 감정의 결과로 나타나는 다른 많은 작은 형태들로 둘러싸여 있습니다. 간단히 요약하면, 그림 M에서는 각 음표의 효과를 보여 주면서 상당히 자세하게 묘사된 작고 비교적 단순한 형태를 볼 수 있습니다. 그림 G에서는 매우 다른 특징을 가진 더 정교한 형태가 덜 상세하게 그려져 있습니다. 개별 음표를 표현하려는 시도 없이, 각 화음이 형태와 색상으로 어떻게 자신을 드러내는지 보여 주는 데 중점을 두었기 때문입니다. 그림 W에서는 훨씬 더 크고 풍부한 형태를 볼 수 있습니다. 전체 곡이 주는 완전한 효과를 대략적으로나마 전달하기 위해, 세부 묘사는 모두 생략했습니다.

당연히 모든 소리는 심령계와 정신계 물질에 영향을 미칩니다. 우리가 음악이라고 부르는 질서 정연한 소리의 연속뿐만 아니라 말입니다. 언젠가는 이 논문의 범위를 벗어나지만, 그렇게 유쾌하지 않은 다른 소리들이 만들어 내는 형태도 우리에게 그림으로 보일 수 있을 것입니다. 그동안 그것들에 관심이 있는 사람들은 《사물의 숨겨진 면》[17]이라는 작은 책에서 그것들에 대한 설명을 읽을 수 있습니다.

삶에는 숨겨진 면이 있다는 것, 즉 모든 행동과 말과 생각이 항상 우리 가까이에 있는 보이지 않는 세계에서 결과를 가져온다는 것, 그

---

17. C. W. 리드비터 저

리고 일반적으로 이러한 보이지 않는 결과가 물질계에서 모든 사람이 볼 수 있는 결과보다 훨씬 더 중요하다는 것을 항상 명심하는 것이 좋습니다. 현명한 사람은 이것을 알고 그에 따라 자신의 삶을 정리하며, 자신이 살고 있는 세상 전체를 고려하지, 겉껍데기만 고려하지 않습니다. 따라서 그는 무한한 어려움을 스스로 해결하고 자신의 삶을 더 행복하게 만들 뿐만 아니라 동료들에게 훨씬 더 유용하게 만듭니다. 하지만 이렇게 하려면 지식, 즉 힘이 되는 지식이 필요합니다. 그리고 서구 세계에서 그러한 지식은 사실상 신지학 문헌이 유일합니다.

우리는 단지 존재하는 것만으로는 충분하지 않습니다. 우리는 진리에 대한 지식과 그에 따른 삶을 살아야 합니다. 이러한 삶을 위해서는 알아야 하고, 알기 위해서는 공부해야 합니다. 여기, 우리 앞에 신지학이라는 광활한 배움의 영역이 펼쳐져 있습니다. 우리가 이 영역에 발을 들여 탐구한다면, 그에 따른 결실로 영적인 성장과 지혜를 얻게 될 것입니다. 그러니 이제 더 이상 무지의 어두운 지하감옥에서 시간을 낭비하지 말아야 합니다. 지금 신지학의 신성한 지혜의 영광스러운 햇살 속으로 과감하게 앞으로 나아갑시다.

2부

생각 사용법

원제: Power and Use of Thought
저자: 찰스 웹스터 리드비터

1. 서문

신지학을 잘 모르는 사람들은 때때로 신지학이 단순히 사변적 철학 체계일 뿐이라고 생각합니다. 하지만 이러한 생각은 진실과는 매우 거리가 멉니다. 신지학에는 사변적인 것이 전혀 없습니다. 왜냐하면 신지학은 전적으로 자연의 현상들과 힘들에 관한 관찰된 사실들과 실험들을 토대로 하고 있기 때문입니다.

신지학을 연구하면 실천적인 삶의 법칙이 드러나게 됩니다. 이 삶의 법칙은 신지학 연구자들의 생각과 행동에 매 순간 영향을 미칠 수밖에 없습니다. 이는 주로 신지학이 실재하는 그대로의 삶을 연구하기 때문입니다. 따라서 신지학 연구자들은 자신이 살고 있는 세상의 가장 덜 중요한 부분만을 아는 것이 아니라, 세상의 전체를 이해하게 됩니다. 그래서 신지학 학생들은 진화의 법칙을 이해하게 되고, 자연스럽게 그 법칙에 따라 현명하게 살아가는 법을 배우며, 제한된 물리적 감각으로는 도달할 수 없는 미세한 부분뿐만 아니라 보이지 않는 무한한 부분까지도 고려하게 됩니다.

나는 보이지 않는 세계의 일반적인 본질에 대해 다른 곳에서 이미 서술한 바 있습니다. 지금은 이 보이지 않는 세계의 가장 주목할 만한 특징 하나에 우리의 관심을 집중해 보겠습니다. 그것은 바로 보이지 않는 세계를 구성하는 미세한 물질들이 인간의 사고와 감정의 영향에 즉각적으로 반응한다는 점입니다. 이러한 힘의 절대적 실재성을 이해하는 것은 이 주제를 연구하지 않은 사람들에게는 어려운 일입니다. 이 힘들이 미세한 물질에 작용하는 방식은, 마치 증기나 전기가 물리적 물질에 미치는 영향력만큼이나 분명하고 확실하다는 것을 이해하기가 쉽지 않은 것입니다.

2. 생각의 힘의 실재성과 그 영향

모든 사람은 대량의 증기력이나 전기력을 사용할 수 있는 사람이 유용한 일을 하고 분명한 결과를 만들어 낼 수 있다는 것을 알고 있습니다. 하지만 모든 사람이 이러한 더 높은 차원의 힘을 일정량 사용할 수 있다는 사실과 그 힘으로 똑같이 분명하고 실제적인 결과를 만들어 낼 수 있다는 사실을 아는 사람은 거의 없습니다.

현재 물리적 세계의 상황을 보면, 소수의 사람들만이 물리적 힘을 대량으로 사용할 수 있고, 그래서 소수의 사람들만이 그러한 수단으로 부자가 될 수 있습니다. 하지만 보이지 않는 생명의 영역에서 주목할 만한 흥미로운 특징은 부자든 가난한 사람이든, 늙은이든 젊은이든, 모든 인간이 이미 상당한 양의 힘을 사용할 수 있다는 점입니다. **따라서 이러한 힘들을 올바르게 사용함으로써 얻을 수 있는 더 높은 차원의 부(富)는 모든 사람이 얻을 수 있습니다.**

이 힘은 모든 사람이 가지고 있지만 아직 소수만 현명하게 사용하고 있습니다. 분명 이 문제를 제기하고 조사하고 이해하려고 노력할 만한 가치가 있습니다. 사실, 그렇게 해야 할 이유는 앞서 언급한 것보다 훨씬 더 많습니다. 진실은 어느 정도까지 우리 모두가 이미 무의식적으로 이 힘을 사용하고 있으나, 무지 때문에 우리는 그것을 잘못 사용하고 있으며, 그것으로 선을 행하는 대신 해를 끼치고 있다는 것입니다.

힘을 소유한다는 것은 항상 책임을 의미합니다. 따라서 의도하지 않게 해를 끼치는 것을 피하고 이러한 웅장한 가능성을 철저히 활용하기 위해 이 주제에 대해 우리가 할 수 있는 모든 것을 배우는 것이 분명히 좋을 것입니다.

그렇다면 생각이란 무엇이며, 어떻게 나타날까요? 신지학 문헌에 대해 조금이라도 아는 사람들은 인간이 우리의 다층적 우주 체계의 상호 침투하는 각 세계에 해당하는 몸체를 가지고 있다는 것을 알고 있습니다. 인간의 심령체는 인간의 욕망, 열정, 감정의 몸체입니다. 인간의 생각은 우리가 일반적으로 정신체라고 부르는 더 미묘한 물질의 더 높은 몸체를 통해 표현됩니다. 투시력자의 눈에는 이 정신체에서 생각이 처음 나타납니다. 그리고 그것은 그 물질의 진동으로 나타납니다. 그 진동은 물리적 세계의 과학적 경험이 우리가 기대하는 것과 상당히 일치하는 다양한 효과를 생성하는 것으로 밝혀졌습니다.

생각이 자신에게 미치는 영향

먼저 정신체 자체에 발생하는 효과가 있는데, 우리는 그것이 습관을 형성하는 성격을 띠고 있음을 발견합니다. 정신체에는 다양한 유형의 물질이 있으며, 각 물질은 고유한 진동 속도를 가지고 있는 것으로 보입니다. 각 물질은 자신에게 가장 익숙한 진동 속도에 쉽게 반응하고, 어떤 강력한 생각이나 감정의 격동으로 인해 그 속도에서 벗어나게 되면 가능한 한 빨리 그 속도로 되돌아가려는 경향이 있습니다. 충분히 강력한 생각은 순간적으로 정신체의 모든 물질을 같은 속도로 진동하게 만들 수 있습니다. 그리고 그런 일이 일어날 때마다 다시 일어나기가 조금씩 더 쉬워집니다. 그 속도로 진동하는 습관이 정신체에 형성되어 사람은 특정 생각을 쉽게 반복하게 됩니다.

둘째, 정신체보다 밀도가 높거나 낮은 인간의 원인체[18]와 심령체에 미치는 영향이 있습니다. 우리는 물리적 세계에서 한 유형의 물질의 교란이 다른 유형의 물질에 쉽게 전달된다는 것을 알고 있습니다. 예를 들어, 지진은 바다에 거대한 파도를 일으키고, 반대로 폭풍으로 인한 공기의 교란은 즉시 바다에 잔물결을 일으키고, 곧 큰 파도를 일으킵니다. 마찬가지로 사람의 심령체의 교란(즉, 우리가 일반적으로 감정이라고 부르는 것)은 정신체에 파동을 일으켜 감정에 해당하는 생

---

18. (역자 주) 신지학에서 원인체(Causal Body)는 인간의 가장 높은 영적 몸체로 여겨진다. 이는 영혼의 저장소이자 카르마와 과거 생의 경험들이 축적되는 몸체로 설명된다.

각을 일으킵니다. 반대로, 정신체의 움직임은 심령체에 영향을 미칠 수 있는 유형일 경우 심령체에 영향을 미칩니다. 즉, 특정 유형의 생각은 쉽게 감정을 유발합니다. 정신적 진동이 자신보다 밀도가 높은 심령 물질에 작용하는 것처럼, 필연적으로 자신보다 미묘한 원인체의 물질에도 작용합니다. 따라서 사람의 습관적인 생각은 고차원 자아 자체에 특성을 형성합니다.

생각이 외부에 미치는 영향

지금까지 우리는 인간의 생각이 자신에게 미치는 영향을 다루어 왔습니다. 우리는 첫째로 생각은 스스로를 반복하는 경향이 있으며, 둘째로 그것이 감정에만 영향을 미치는 것이 아니라 그 사람 자신에게도 영구적으로 작용한다는 것을 알 수 있습니다. 이제 생각이 자신의 외부에 미치는 영향을 살펴보겠습니다. 즉, 대기가 우리를 둘러싸고 있는 것처럼 우리 모두를 둘러싸고 있는 정신적 물질의 바다에 미치는 영향을 알아보겠습니다.

셋째, 모든 생각은 방사되는 파동을 생성하며, 이 파동은 그것을 발생시키는 생각의 성격에 따라 단순하거나 복잡할 수 있습니다. 이 진동은 특정 조건에서는 정신계에 한정될 수 있지만 위아래 세계에도 영향을 미칠 수 있습니다. 생각이 순수하게 지적이고 비인격적이라면, 예를 들어 사상가가 철학 체계를 고려하거나 대수학 또는 기하학 문제를 풀려고 시도하는 경우, 방출되는 파동은 정신 물질에만 영향을 미칩니다. 생각이 영적인 성격을 띠고, 사랑이나 열망 또는 깊은 이타적인 감정이 스며들어 있다면, 그것은 더 높은 정신 영역으로 올라가고 직관적 수준의 화려함과 영광을 가져올 수도 있습니다. 이러한 조합은 생각을 매우 강력하게 만듭니다. 반면에 생각에 자아나 개인적인 욕망이 조금이라도 스며들어 있다면, 그 진동은 즉시 아래로 내려가 심령계에서 대부분의 힘을 소비합니다.

이러한 모든 파동은 물리적 세계에서 빛이나 소리의 진동이 작용하는 것처럼 각각의 수준에서 작용합니다. 그것들은 모든 방향으로 방사되어 나가며, 발원지에서 멀어질수록 힘이 약해집니다. 하지만 우리는 생각의 방사되는 파동이 우리를 둘러싼 정신 물질의 바다에만 영향을 미치는 것이 아니라 그 바다 안에서 움직이는 다른 정신체에도 작용한다는 것을 기억해야 합니다. 우리는 모두 피아노에서 건반을 누르거나 바이올린에서 현을 울리면 똑같이 조율된 같은 종류의 다른 악기에서 해당 음이 울리는 실험에 익숙합니다. 한 악기에서 발생한 진동이 공기를 통해 전달되어 다른 악기에 작용하는 것처럼, 한 정신체에서 발생한 생각-진동은 주변의 정신 물질에 의해 전달되어 다른 정신체에 재현됩니다. 다른 관점에서 말하면, 생각은 전염성이 있다는 것을 의미합니다. 우리는 이 점에 대해서는 나중에 다시 설명하겠습니다.

넷째, 모든 생각은 파동뿐만 아니라 에너지체, 즉 특정 종류의 힘과 활력을 부여받은 명확하고 분리된 물체를 생성하며, 많은 경우 일시적인 살아 있는 생물처럼 행동합니다. 이 형태는 진동처럼 정신세계에만 존재할 수도 있지만, 훨씬 더 자주 심령 수준으로 내려와 감정의 세계에서 주요 효과를 발휘합니다. 이러한 생각의 에너지체에 대한 연구는 매우 흥미롭습니다. 생각의 에너지체에 대한 모양과 색상으로 보여 주는 여러 종류의 생각-에너지체에 대한 자세한 설명은 본서 1부 생각의 에너지체《Thought-Forms》에서 찾을 수 있습니다. 지금 2부에서는 생각-에너지체의 색상과 형태보다는 생각-에너지체의 효과와 활용하는 방법에 대해 다룰 것입니다.

생각의 파동과 에너지체의 작용

이러한 생각의 파동과 에너지체의 두 가지 힘의 발현 작용은 따로 설명하겠습니다. 진동은 생각의 특성에 따라 단순하거나 복잡할 수 있습니다. 하지만 그 힘은 주로 정신계의 하위 부분을 구성하는 네 가지 수준의 정신 물질 중 하나에 쏟아집니다. 일반적인 사람의 대부분의 생각은 자신과 자신의 욕망, 그리고 감정을 중심으로 이루어집니다. 따라서 이는 정신 물질의 가장 낮은 수준의 파동입니다. 실제로 정신체의 이에 상응하는 부분만이 인류 대다수에게서 현재 완전히 발달되어 활성화되어 있습니다. 이러한 점에서 정신체의 상태는 심령체의 상태와 매우 다르다는 것을 잊지 말아야 합니다. 우리 인종의 일반적인 교양 있는 사람에게 심령체는 물리적 육체만큼이나 완전히 발달되어 있으며, 사람은 그것을 의식의 몸체로 완벽하게 사용할 수 있습니다. 사람들은 심령체를 사용하는 습관이 없기 때문에 자신의 능력을 불신하게 됩니다. 하지만 심령 능력들은 모두 존재하며, 단지 그 사용에 익숙해지는 문제일 뿐입니다. 수면 중이나 사후세계에서 심령계에서 존재할 때, 그는 완벽하게 보고 들을 수 있으며, 원하는 곳 어디로든 이동할 수 있습니다.

그러나 천상계에서는 상황이 매우 다릅니다. 정신체가 아직 완전히 개발되지 않았기 때문입니다. 이는 인류가 현재 진행 중인 진화의 일부입니다. 정신체는 위대한 스승 형제단에 속한 스승들에게 그 사용법에 대해 특별한 훈련을 받은 사람들만이 몸체로 사용할 수 있습니다. 일반적인 사람에게는 정신체가 부분적으로만 개발되어 있으며, 의식의 별도 몸체로는 전혀 사용할 수 없습니다. 대부분의 사람들이 정신체의 하위 부분이 활발하게 활동하고는 있지만 정신체의 상위 부분은 아직 휴면 상태입니다. 이는 필연적으로 전체 정신적 분위기가 가장 하위 수준에 속하는 진동으로 끓어오르고 있지만, 상위 수준에서는 활동이 거의 없다는 것을 의미합니다. 이는 우리가 곧 생각-힘의 사용에 대한 실질적인 가능성을 고려할 때 명확하게 염두에 두어야 할 사실입니다. 또한 생각-파동이 도달할 수 있는 거리에도 중요한 영향을 미칩니다.

생각의 파동이 이동하는 거리와 다른 사람들의 정신체에 미치는 영향의 강도와 지속성은 원래 생각의 강도와 명확성에 달려 있습니다. 이 점에서 그것은 마치 말하는 사람의 목소리와 같습니다. 공중에 소리의 파동을 일으켜 모든 방향으로 퍼져 나가고, (우리가 말하는 것처럼) 들을 수 있는 모든 사람에게 그의 말을 전달합니다. 그의 목소리가 도달할 수 있는 거리는 목소리의 강도와 발음의 명확성에 달려 있습니다. 마찬가지로, 강한 생각은 약하고 우유부단한 생각보다 훨씬 더 멀리 전달됩니다. 하지만 생각의 선명도와 명확성은 강도보다 더 중요합니다.

또한, 말하는 사람의 목소리가 이미 업무나 오락에 몰두해 있는 사람들의 귀에는 들리지 않을 수 있는 것처럼, 강한 생각의 파동도 이미 다른 생각에 완전히 몰입해 있는 사람의 마음에는 영향을 미치지 못하고 지나갈 수 있습니다. 하지만 많은 사람들은 자신의 전념을 요구하는 업무를 직접 수행할 때를 제외하고는 명확하거나 강하게 생각하지 않습니다. 따라서 주변에는 항상 다가오는 생각들에 의해 상당한 영향을 받을 수 있는 많은 마음들이 존재합니다.

이러한 생각의 파동은 매우 적응성이 뛰어납니다. 만약 이 생각의 파동이 모든 면에서 쉽게 반응하는 정신체를 만나면, 그 파동은 자신을 정확히 재생산할 수 있습니다. 그러나 그렇지 않은 경우에도, 생각의 파동은 자신과 큰 틀에서 유사한 방향으로 분명한 영향을 미칠 수 있습니다. 예를 들어, 한 가톨릭 신자가 성모 마리아상 앞에서 기도를 드린다고 가정해 보겠습니다. 이 가톨릭 신자는 모든 방향으로 강한 신앙적 진동을 퍼뜨립니다. 만약 이 진동이 다른 가톨릭 신자의 정신체나 심령체에 부딪힌다면, 그 진동은 원래의 생각 및 감정과 동일한 것을 그 사람 안에서 일으키게 됩니다. 하지만 이 진동이 성모 마리아상에 익숙하지 않은 개신교 신자에게 닿는다면, 여전히 그 사람 안에서 신앙심을 일깨우지만, 이 신앙심은 그 사람에게 익숙한 경로를 따라 예수 그리스도를 향하게 될 것입니다.

마찬가지로, 이 진동이 이슬람교도에게 닿으면 알라에 대한 신앙심을 일으킬 것이며, 힌두교도의 경우에는 크리슈나를, 조로아스터교도의 경우에는 아후라 마즈다를 향한 신앙심이 일어날 것입니다. 이처럼 이 진동은 그러한 관념에 반응할 수 있는 가능성이 있는 곳이라면 어디서든 일종의 신앙심을 일으키게 됩니다. 하지만 이 진동이 어떤 형태의 신앙심이라는 개념 자체를 모르는 유물론자의 정신체에 닿는다면, 그래도 어느 정도 고양시키는 효과를 만들어 낼 것입니다. 이 진동은 그 유물론자가 전혀 익숙하지 않은 유형의 진동을 즉시 만들어 내지는 못하겠지만, 그의 정신체의 더 높은 부분을 어떤 형태로든 활성화시키는 경향이 있을 것입니다. 그리고 비록 공감하는 수신자의 경우보다는 덜 지속적이겠지만, 이 효과는 반드시 긍정적일 것입니다.

악하거나 불순한 생각의 작용도 동일한 법칙에 의해 지배됩니다. 다른 사람을 미워하거나 질투하는 생각에 빠지는 어리석은 사람은 다른 사람들에게도 비슷한 감정을 불러일으키는 파동을 발산합니다. 그의 증오심이 다른 사람들이 전혀 알지 못하는 누군가를 향한 것이라서 그 감정을 공유하는 것이 불가능하더라도, 그 발산은 전혀 다른 사람을 향해 같은 성격의 감정을 불러일으킬 것입니다.

생각-에너지체의 작용은 생각의 파동보다 제한적이지만 훨씬 더 정밀하게 작동합니다. 그것은 많은 사람들에게 영향을 미칠 수 없는데 생각-에너지체를 생명력 있게 만드는 진동 에너지와 조화를 이루는 진동이 있어야만 영향을 미칠 수 있기 때문입니다. 만약 그 생각-에너지체와 조화를 이루는 어떤 진동도 사람들이 가지고 있지 않다면 그것은 어떤 사람에게도 전혀 영향을 미칠 수 없습니다.

생각-에너지체의 종류와 특징

이러한 생각-에너지체의 힘과 가능성은 우리가 그것들을 분류하려 할 때 더 명확해질 것입니다. 먼저 다른 사람을 향해 분명하게 향하는 생각을 고려해 봅시다. 예를 들어, 한 사람이 다른 사람을 향해 애정이나 감사의 생각을 보낼 때입니다(또는 불행하게도 때로는 질투나 시기의 생각일 수도 있습니다). 이러한 생각은 다른 모든 생각과 마찬가지로 생각의 파동을 만들어 내며, 따라서 그 영향권 내에 있는 사람들의 마음속에서 자신을 재생산하려는 경향이 있습니다.

하지만 생각-에너지체는 분명한 의도를 가지고 있습니다. 이것이 생각하는 사람의 정신체와 심령체에서 분리되자마자, 목표한 사람을 향해 곧장 이동하여 그 사람에게 달라붙습니다. 이는 마치 전기가 충전된 레이던병과 비슷합니다. 정신계와 심령계의 물질이 용기(병)를 형성하고, 생각의 진동 에너지는 전기 충전에 해당합니다.

만약 대상이 되는 사람이 수동적인 상태에 있거나, 생각-에너지체와 조화로운 진동을 이미 가지고 있다면, 즉시 그 사람에게 방출됩니다. 당연히 그 효과는 유사한 진동이 없었다면 새로운 진동을 일으키고, 이미 존재하고 있었다면 그 진동을 더욱 강화시킵니다.

만약 그 사람의 마음이 다른 것에 강하게 집중되어 있어서 진동이 들어갈 수 없는 상태라면, 생각-에너지체는 방출될 기회를 기다리며 그 사람 주변을 맴돕니다.

다른 사람을 향하지 않고 주로 생각하는 사람 자신과 관련된 생각의 경우(실제로 인간의 대부분 생각이 이러합니다), 생각의 파동은 늘 그렇듯 모든 방향으로 퍼져 나갑니다. 하지만 이때 생각-에너지체는 생각을 만든 사람의 바로 근처에 떠다니게 되며, 지속적으로 생각을 만든 사람에게 다시 영향을 미치려는 경향이 있습니다.

생각을 만든 사람의 마음이 업무나 다른 종류의 생각으로 완전히 집중되어 있는 동안, 떠다니는 생각-에너지체는 단순히 때를 기다립니다. 하지만 생각을 만든 사람의 사고 흐름이 소진되거나 마음이 잠시라도 휴면 상태가 되면, 생각-에너지체는 생각을 만든 사람에게 영향을 미칠 기회를 얻게 됩니다. 그리고 즉시 생각-에너지체는 자신을 반복하기 시작합니다. 즉, 생각을 만든 사람이 이전에 빠져들었던 그 생각을 다시 그의 마음속에서 불러일으키는 것입니다.

많은 사람들이 이러한 생각-에너지체들의 형상에 둘러싸여 있는 것을 볼 수 있습니다. 그리고 이러한 사람들은 자주 생각-에너지체들의 압박을 느끼게 됩니다. 이는 외부로부터 특정한 생각들이 지속적으로 제안되는 것과 같은 형태로 나타납니다.

만약 이러한 생각이 악한 것이라면, 사람들은 아마도 자신이 악마의 유혹을 받고 있다고 믿을 것입니다. 반면에 진실은 그가 자신의 유혹자이며, 악한 생각은 전적으로 그 자신의 창조물이라는 사실입니다.

셋째, 생각하는 사람을 중심으로 하지도 않고 특정한 사람을 겨냥하지도 않는 유형의 생각이 있습니다. 이 경우에 생성된 생각-에너지체는 생각하는 사람 주위에 머물지도 않고 다른 사람에게 특별한 이끌림도 없습니다. 따라서 이 생각-에너지체는 단순히 그것이 생성된 장소에서 떠다니는 상태로 남아 있습니다.

결론적으로 모든 사람은 삶을 살아가면서 이렇게 세 가지 유형의 생각-에너지체를 만들어 냅니다. 첫 번째는 명확한 목표를 향해 상대방에게 곧장 뻗어 나가는 것, 두 번째는 창조자의 주위를 맴돌며 그가 어디를 가든 따라가는 것, 마지막으로 창조자가 자신의 경로를 표시하는 듯 일종의 흔적으로 남겨 두는 것입니다.

우리의 공간은 이 세 번째 유형의 모호하고 불확실한 생각으로 가득 차 있습니다. 그래서 우리가 걸어갈 때, 우리는 말하자면 그것들의 거대한 덩어리를 헤치고 나아가는 것입니다. 그리고 만약 우리의 마음이 이미 명확하게 점유되지 않았다면, 다른 사람들의 생각의 이러한 모호하게 떠도는 조각들은 우리에게 심각한 영향을 미칠 것입니다. 생각의 에너지체들은 아무것도 하지 않고 있는 마음을 휩쓸고 지나가며, 아마도 그것들 대부분은 마음속에 특별한 흥미를 불러일으키지 않을 것입니다. 그러나 때때로 주의를 끄는 것이 나타나고, 마음은 그것에 달라붙어 잠시 동안 즐겁게 여기다가, 도착했을 때보다 조금 더 강해진 상태로 그것을 놓아줍니다. 당연히 여러 출처에서 온 이러한 생각의 혼합은 명확한 일관성이 없습니다. 하지만 그중 어느 하나라도 연관된 생각의 흐름을 시작하여 마음이 스스로 생각하게 만들 수 있다는 것을 기억해야 합니다.

만약 어떤 사람이 길을 걷다가 갑자기 멈춰 서서 "내가 무슨 생각을 하고 있지? 왜 이런 생각을 하게 되었지? 어떻게 내 생각의 흐름이 이 지점에 도달하게 되었지?"라고 자문하고, 지난 10분 동안 자신의 생각의 흐름을 되짚어 본다면, 아마도 그 짧은 시간 동안 얼마나 많은 쓸데없고 무의미한 생각이 자신의 마음을 스쳐 지나갔는지 알고 깜

짝 놀랄 것입니다. 그것들은 4분의 1도 자신의 생각이 아닙니다. 그것들은 단지 그가 지나가면서 주워 온 조각들일 뿐입니다. 대부분의 경우 그것들은 전혀 가치가 없으며, 그것들의 일반적인 경향은 좋은 것보다 악할 가능성이 훨씬 더 높습니다.

3. 마음 훈련의 중요성과 실천 방법

마음 훈련의 필요성

이제 우리는 생각의 작용을 어느 정도 이해했으므로, 이 지식을 어떻게 활용할 수 있는지, 그리고 어떤 실질적인 고려 사항들이 도출되는지 살펴보겠습니다. 이러한 것들을 알고 있으면 우리 자신의 진화를 촉진하기 위해 무엇을 할 수 있고, 다른 사람들을 돕기 위해 무엇을 할 수 있을까요? 분명히 생각이 작용하는 방식에 대한 과학적 고찰은 그것이 우리가 일반적으로 생각하는 것보다 진화에 훨씬 더 중요한 문제임을 보여 줍니다. 모든 생각이나 감정은 경향을 강화하거나 약화시킴으로써 영구적인 효과를 내고, 더 나아가 모든 생각-진동과 생각-에너지체는 필연적으로 생각하는 사람에게 반응하기 때문에, 사람은 자신 안에 어떤 생각이나 감정을 허용할지에 대해 최대한 주의를 기울여야 합니다.

일반적인 사람은 감정을 억제하려고 시도하는 것을 거의 생각하지 않습니다. 감정이 자신 안에서 솟구치는 것을 느낄 때, 그는 감정에 굴복하고 그것을 단지 자연스러운 것으로 여깁니다. 이러한 힘의 작용을 과학적으로 연구하는 사람은 그러한 모든 감정의 분출을 억제하고, 그것이 자신의 진화에 해로운지 여부를 고려한 후에야 그것이 자신을 흔들도록 허용하는 것이 자신의 의무일 뿐만 아니라 자신의 이익이라는 것을 깨닫습니다.

마음 훈련 팁 1: 마음을 유용하게 점유하기

감정이 제멋대로 흘러가도록 내버려두는 대신, 감정을 완전히 통제해야 합니다. 우리가 도달한 진화 단계가 정신체의 발달이므로, 이 문제를 진지하게 다루고 그 발달을 돕기 위해 무엇을 할 수 있는지 살펴봐야 합니다. 마음이 변덕스럽게 움직이도록 허용하는 대신, 마음을 통제하려 노력해야 하며, 마음은 인간 그 자체가 아니라 인간이 사용하는 도구임을 인식해야 합니다. 마음을 방치해서는 안 되며, 어떤 부유하는 생각-에너지체라도 들어와 영향을 미칠 수 있도록 게을리 내버려두어서는 안 됩니다. 오래전 와츠 박사가 "사탄은 게으른 손이 할 일을 여전히 찾아낸다."라고 말했는데, 이는 더 높은 차원에도 적용될 때 진실입니다. 방치된 마음은 좋은 인상보다 나쁜 인상을 받아들일 가능성이 훨씬 더 높기 때문입니다.

마음을 통제하는 첫 번째 단계는 마음을 유용하게 점유하는 법을 배우는 것입니다. 즉, 마음의 작용을 위한 배경으로서 명확하고 유익한 생각을 갖는 것입니다. 마음이 어떠한 것에 집중할 필요가 없을 때 어떤 선하고 유용한 생각을 마음의 작용에 배경으로 삼는 것입니다.

마음 훈련 팁 2: 집중력 향상시키기

마음을 훈련하는 데 있어 또 다른 필수적인 요소는 마음이 자신이 해야 할 일을 철저하게 수행하도록 가르치는 것입니다. 달리 말하면, 집중하는 능력을 습득해야 한다는 뜻입니다. 집중력을 기르는 것은 결코 쉬운 일이 아닙니다. 이것은 훈련되지 않은 사람이 이를 시도할 때 쉽게 알 수 있습니다. 예를 들어, 자신의 마음을 단 한 가지 생각에 단 5분 동안이라도 완전히 고정시키려고 노력해 보면 쉽게 그 어려움을 깨닫게 될 것입니다.

그 과정을 수행하는 동안, 과연 마음이 다른 여러 방향으로 계속 흩어질 경향을 보임을 알게 됩니다. 사방에서 온갖 종류의 다른 생각들이 끼어들고 머리 안에서 밀려드는 것을 경험하게 될 것이기 때문입니다. 하나의 주제에 5분간 집중하려는 첫 번째 시도는, 실제로는 흩어진 마음을 붙잡아 다시 본래의 주제로 돌리는 데에만 5분이 걸릴 것입니다.

다행스럽게도, 집중 자체는 쉬운 일이 아니지만, 이를 시도할 수 있는 기회는 많습니다. 그리고 이러한 능력을 습득하는 것은 우리의 일상생활에서 매우 유익한 도구가 될 것입니다.

우리는 무엇을 하든지 간에 그 일에 온전히 집중하는 법을 배워야 하며, 최대한의 열정과 능력을 동원하여 그 일을 잘 수행해야 합니다. 예를 들어, 우리가 편지를 쓴다면 그 편지는 꼼꼼하고 정확하게 작성되어야 합니다. 세부 사항을 소홀히 하여 작성이 지연되거나, 내용의 효과가 손상되지 않도록 해야 합니다. 만약 우리가 책을 읽고 있다면, 그것이 단순히 소설일지라도, 집중하며 읽어야 합니다. 작가의 의도를 파악하려 노력하고, 책에서 얻을 수 있는 모든 것을 최대한 흡수하도록 해야 합니다.

매일 무언가를 끊임없이 배우려 노력하고, 하루도 마음의 구체적인 훈련을 빠뜨리지 않는 것은 매우 건강한 자세입니다. 이는 훈련을 통해서만 강인함이 생기고, 따라서 훈련 부족은 언제나 약화와 결국 쇠퇴로 이어지기 때문입니다.

마음 훈련 팁 3: 에너지의 효율적인 사용

또 하나 매우 중요한 점은 우리가 자신의 에너지를 절약하고 관리할 줄 알아야 한다는 것입니다. 각 사람은 일정량의 에너지만을 가지고 있으며, 이를 최선의 방식으로 활용할 책임이 있습니다. 평범한 사람들은 자신의 에너지를 가장 어리석은 방식으로 낭비합니다. 하지만 우리 입문자들은 특히 이러한 낭비를 피하는 법을 배우는 것이 필수적입니다.

평범한 사람은 단순히 불안정한 진동의 중심으로 존재합니다. 그는 끊임없이 걱정과 근심 속에 머무르거나, 어떤 일의 시도로 인해 지나치게 흥분해 있거나, 깊은 침체에 빠져 있습니다. 어떤 이유에서든 그는 항상 불필요한 동요 상태에 있습니다. 그리고 대개는 사소한 일들로 인해 그러한 상태에 빠지는 경우가 많습니다.

사람들은 이것을 알든 모르든 자신의 심령체와 정신체가 가지는 상태를 통해 주변 사람들에게 지속적으로 영향을 미치고 있습니다. 우리는 끊임없이 이러한 진동과 동요를 자신 주변에 있는 불운한 사람들에게 전달하고 있는 것입니다. 수백만의 사람들이 이런 어리석은 욕망과 감정을 불필요하게 흥분시키는 바람에, 감수성이 예민한 사람이 대도시에서 생활하거나, 대규모 군중 속에서 살아가는 것이 어려워지는 것도 바로 이러한 이유 때문인 것입니다.

평범한 사람이 에너지를 낭비하는 또 다른 방법 중 하나는 불필요한 논쟁입니다. 평범한 사람은 종교적이든 정치적이든 혹은 일상적인 삶과 관련된 의견이든 상관없이, 특정 의견을 가지게 되면 그것을 다른 사람들에게 강요하려는 제어하기 어려운 욕망에 굴복하게 됩니다. 이는 그 사람이 가진 의견이 무엇이든지 간에 그 의견을 모든 이들에게 강요하려는 지나친 집착으로 나타나는 것입니다.

사람들은 다른 사람이 어떤 믿음을 선택하든 그것이 자기와는 아무런 상관이 없다는 기본적인 사실조차 이해하지 못하는 것 같습니다. 또한 세상을 관장하는 권위들로부터 자신이 전 세계를 돌아다니며 생각이나 수행에서 일관성을 확보하라고 위임받은 것도 아님을 전혀 인식하지 못합니다.

현명한 사람은 진리가 단면적인 것이 아니라 다면적인 존재임을 깨닫고 있습니다. 진리는 어떤 한 개인이나 하나의 집단에 의해 완전히 소유될 수 있는 것이 아닙니다. 이러한 현명한 사람은 거의 모든 상상 가능한 주제에 대해 의견의 다양성이 있을 수 있음을 받아들이며, 자신의 관점과 정반대되는 견해를 가진 사람에게도 어느 정도의 이성이나 진리가 담겨 있을 수 있음을 충분히 이해하고 있습니다.

현명한 사람들은 사람들이 논쟁하는 대부분의 주제가 논쟁할 가치조차 없는 것임을 알고 있으며, 그러한 주제에 대해 가장 시끄럽게, 가장 자신만만하게 말하는 사람들이 대개는 해당 주제에 대해 가장 무지한 경우가 많다는 사실까지도 알고 있습니다.

따라서 우리 입문한 수행자들은 헛된 논쟁에 자신의 시간과 에너지를 낭비하지 마십시오. 우리들은 사람들이 필요한 정보를 요청한다면 기꺼이 그것을 제공해야 하지만 무의미한 다툼에 자신의 시간과 힘을 허비하지는 않겠다고 결심해야 합니다.

마음 훈련 팁 4: 걱정과 두려움의 극복

또 다른 고통스러운 에너지의 낭비 방식은 걱정입니다. 많은 사람들은 자신과 사랑하는 사람들에게 끊임없이 불행을 예견합니다. 이러한 사람들은 죽음과 그 이후에 올 일들에 대한 두려움, 재정적 파산이나 사회적 지위 상실에 대한 두려움으로 자신을 괴롭힙니다.

엄청난 양의 에너지가 이러한 비생산적이고 불쾌한 방향으로 낭비되고 있습니다. 하지만 이러한 모든 어리석음은 다음과 같은 진실을 깨달은 사람에게는 사라지게 됩니다.

* 세상은 절대적 정의의 법칙에 의해 다스려진다는 것
* 최고의 경지를 향한 진보가 신성한 의지라는 것
* 인간은 이러한 진보로부터 벗어날 수 없다는 것
* 자신의 삶에서 마주치는 모든 일과 발생하는 모든 사건은 그 진보의 길을 돕기 위한 것이라는 것
* 오직 자기 자신만이 그 진보를 지연시킬 수 있는 유일한 사람이라는 것

이러한 진실을 깨달은 사람은 더 이상 자신과 타인에 대해 걱정하

거나 두려워하지 않습니다. 이 사람은 단순히 앞으로 나아가며 자신의 능력껏 가장 가까이에 있는 의무를 최선을 다해 수행할 뿐입니다. 그렇게 한다면 모든 것이 잘될 것이라는 확신을 가지고 있기 때문입니다.

또한 이러한 진실을 알게 된 사람은 걱정이 그 누구에게도 도움이 된 적이 없다는 것을 알고 있습니다. 오히려 걱정은 엄청난 양의 악영향과 에너지 낭비의 원인이 되어 왔다는 것을 깨닫고 있습니다.

마음 훈련 팁 5: 감정적 동요의 통제

현명한 사람은 잘못 향해진 감정에 자신의 힘을 낭비하지 않습니다. 예를 들어, 현명한 사람은 다른 사람이 말하거나 행동한 것에 대해 절대로 화를 내지 않습니다. 만약 누군가가 사실이 아니거나 불쾌한 말을 한다면, 열 번 중 아홉 번은 그 발언 뒤에 악의적인 의도가 없었다는 것이 확실합니다. 따라서 그것에 대해 동요하는 것은 어리석을 뿐만 아니라 부당한 것입니다.

드문 경우이지만, 그 발언이 의도적으로 사악하고 악의적인 경우 (즉, 누군가를 고의로 상처 주기 위해 한 말이라 하더라도) 상처를 받도록 자신을 내버려두는 것은 여전히 매우 어리석은 일입니다. 자극적인 말은 그 자체로는 어떤 해도 끼치지 않습니다. 다만 그 말을 받아들여 그것을 곱씹거나 감정의 상처를 허용함으로써 스스로를 해치는 경우에만 해가 됩니다. 다른 사람의 말이 무엇이길래 자신의 평온함이 흔들리도록 내버려두어야 할까요? 그래서 수행자가 다른 사람이 한 말에 신경 쓰도록 자신을 허용한다면, 수행자의 정신체에 생긴 혼란은 바로 수행자 자신이 책임져야 할 일이지 다른 사람의 책임이 아닌 것입니다.

만약 누군가의 말에 대해 자신의 정신체나 감정체에 동요가 일어난다면, 이는 아직 자신의 여러 몸체들을 완벽하게 통제하지 못했기 때문입니다. 그리고 그 자신은 아직 타인의 어리석거나 악의적인 말들에 전혀 신경 쓰지 않은 채 자신의 길을 가며 자신의 일에 집중할 수 있는 분별력을 아직 개발하지 못한 것입니다. 즉, 영혼의 관점에서 이 모든 것을 내려다보고 있지 못하고 있기 때문입니다. 결국 수행자가 상처받고 해를 입었다고 느껴 자신을 괴롭게 한다면, 전적으로 자신의 책임입니다.

4. 생각의 파동이 미치는 영향과 책임

인간이 자신의 마음과 감정을 통제하고 어리석게 자신의 에너지를 낭비하지 않는 것은 분명 인간 자신의 진화를 위해 필요합니다. 하지만 다른 관점에서 보면 더욱 중요한 것이 있습니다. 인간은 자기 통제를 통해서만 다른 사람들에게 도움이 될 수 있고, 다른 사람들에게 해를 끼치는 것을 피할 수 있으며, 선을 행하는 방법을 배울 수 있기 때문입니다.

예를 들어, 자신의 분노를 방치하면 나쁜 습관이 형성되어 추후에 동일한 충동이 닥쳤을 때 저항하기가 더 어려워지므로 자신에게 심각한 영향을 미치게 됩니다. 또한 분노는 주변 사람들에게도 심각한 영향을 미칩니다. 왜냐하면 분노에서 발생하는 진동은 필연적으로 다른 사람들에게도 영향을 미치기 때문입니다.

만약 자신의 짜증을 통제하려 노력하고 있다면, 아마도 다른 사람들도 그렇게 하고 있을 것입니다. 따라서 자신의 행동은 자신이 전혀 의식하지 못하는 사이에도 다른 사람들의 노력을 돕거나 방해할 수 있습니다.

이렇게 자신의 분노의 파동을 내보내도록 자신을 방치할 때마다, 그 파동은 다른 사람의 마음이나 심령체 안에 비슷한 진동을 일으키게 됩니다. 이전에 그러한 진동이 존재하지 않았다면 새로운 진동을 일으키고, 이미 존재하고 있었다면 그 진동을 더욱 강화시킵니다. 이렇게 함으로써 자신은 형제자매의 자기 발전 작업을 더 어렵게 만들고, 그들의 어깨에 더 무거운 짐을 지우게 됩니다.

반대로, 자신이 분노의 파동을 통제하고 억제한다면, 대신 차분하고 진정시키는 영향력을 발산하게 됩니다. 이러한 영향력은 같은 투쟁을 하고 있는 주변의 모든 사람들에게 분명한 도움이 됩니다.

우리의 마음속에서 일어나는 모든 생각은 필연적으로 그리고 우리의 어떠한 노력 없이도 주변 사람들의 마음에 영향을 미칠 수밖에 없습니다. 따라서 만약 우리의 생각이 불순하거나 악한 것이라면, 우리는 동료 인간들 사이에 도덕적 전염병을 퍼뜨리고 있는 것이므로, 이에 대한 책임을 깊이 고려해야 합니다.

수많은 사람들은 내면에 잠재적인 악의 씨앗을 지니고 있습니다. 외부로부터의 어떤 힘이 작용하여 이를 자극하지 않는 한 결코 꽃피우거나 열매 맺지 않을 수 있는 씨앗들입니다. 만약 우리가 불순하거나 부정한 생각에 굴복한다면, 우리가 만들어 낸 이 힘의 파동이 그 씨앗을 깨우고 성장하게 만드는 바로 그 요인이 될 수 있으며, 이로 인해 어떤 영혼을 하향하는 길로 들어서게 할 수 있습니다. 이렇게 시작된 충동은 나중에 악한 생각과 말과 행동으로 꽃피울 수 있으며, 이는 다시 먼 미래에 수천 명의 다른 사람들에게까지 해로운 영향을 미칠 수 있습니다. 이처럼 단 하나의 불순하거나 악한 생각이 얼마나 무서운 책임을 수반하는지 알 수 있습니다.

다행히도 이러한 현상은 나쁜 생각뿐만 아니라 좋은 생각에도 똑같이 적용됩니다. 이것을 깨달은 사람은 자신을 태양과 같이 만들어, 주변의 모든 이웃들에게 지속적으로 사랑과 평온, 평화의 생각을 발산할 수 있습니다. 이는 진정으로 멋진 능력이며, 부자든 가난한 사람이든, 어린아이든 위대한 현자든 모든 인간이 가질 수 있는 힘입니다.

5. 생각의 힘의 활용

이처럼 생각은 강력한 힘을 가지고 있기에, 우리는 이를 어떻게 사용할지 신중해야 합니다. 우리는 다른 사람을 생각할 때 그가 되기를 바라는 모습으로 생각해야 합니다. 왜냐하면 우리가 만드는 그 사람의 이미지는 자연스럽게 그 사람에게 강력한 영향을 미치며, 점차 그 이미지와 조화를 이루도록 이끌 것이기 때문입니다. 그래서 우리는 우리의 동료들의 좋은 자질에 집중해서 생각해야 합니다. 동료들의 어떤 자질에 대해 생각할 때 우리는 그 좋은 자질의 진동을 강화하고, 결과적으로 그 자질을 더욱 강화하게 만들기 때문입니다.

생각의 힘으로 타인을 변화시키는 법

이 점을 고려하면, 많은 사람들이 무심코 즐기는 가십과 추문을 습관처럼 행하는 것은 실제로 매우 끔찍하고 악한 행위라고 결론지을 수 있습니다. 이러한 행위를 비판함에 있어 어떤 강한 표현을 사용하더라도 지나친 것은 아닙니다.

사람들이 다른 사람을 논의하며 무례한 행동을 저지를 때, 대개 그 대화는 주로 타인의 좋은 점보다는 부정적인 점에 초점이 맞춰져 있습니다. 따라서 우리는 종종 많은 사람들이 누군가의 나쁜 점에 자신의 생각을 집중시키는 상황을 보게 됩니다. 그리고 그것에 주의를 집중시키면서, 주변 사람들의 관심까지 그 부정적인 점으로 끌어들이게 됩니다. 그런 결과로, 만약 그들이 부당하게 비판한 대상이 실제로 그러한 부정적인 성향을 가지고 있었다면, 그 가십으로 인해 해당 성향의 진동이 강해지면서 악화되는 결과를 초래합니다.

대개 그렇듯이, 그 타락이 실제로는 가십의 대상이 된 사람에게서 존재하지 않고, 단지 가십을 하는 사람들의 왜곡된 상상 속에만 존재하는 경우, 그들은 자신의 힘을 최대한 발휘하여 그 사람에게 악한 성향을 만들어 내려고 하는 것과 다름없습니다. 그리고 만약 그들의 희생자 안에 그러한 악한 성향의 잠재적 씨앗이 조금이라도 존재한다면, 그들의 비도덕적인 노력은 매우 성공하기 쉽습니다.

물론 우리는 사랑하는 사람들에 대해서 도움을 줄 수 있는 방식으로 생각할 수 있습니다. 그들이 높은 이상적 모습을 성취할 수 있도록, 자신의 고상한 이상적인 이미지를 마음속으로 떠올리며 그들이 그것을 실현할 수 있기를 강하게 바라는 것은 충분히 바람직한 일입니다. 만약 우리가 어떤 사람의 성격 또는 인격 안에서 특정한 결함이

나 악덕을 알고 있다고 하더라도, 어떤 경우에도 우리의 생각을 그러한 결점에 집중시켜 그것을 강화해서는 안 됩니다. 반대로 우리는 그러한 결점을 상쇄할 수 있는 반대의 고결한 덕목에 대해 강하게 마음을 형성해야 하며, 그런 후에 그러한 생각의 진동을 해당 도움이 필요한 사람에게 보내야 합니다.

예를 들어, 사람들은 일반적으로 다음과 같은 말을 흔히 합니다.

"오, 정말이지, 아무개 부인이 그렇게 성미가 급하다니 얼마나 끔찍한 일인가요! 어제만 해도 그녀가 이런저런 행동을 했다고 하더군요. 게다가, 그녀가 늘 그렇게 한다고 들었어요. 정말 끔찍하지 않나요?"

그리고 이 이야기는 각 사람이 자기와 친한 서른 명, 혹은 마흔 명의 친구들에게 전합니다. 단 몇 시간 만에 수백 명의 사람이 분노와 신경질 같은 생각의 물결을 그 불행한 희생자에게 집중적으로 쏟아붓게 됩니다. 그렇게 되면 곧 그녀가 사람들이 예상했던 대로 행동하게 되는 게 놀라운 일일까요? 그렇게 해서 그녀는 사람들이 성미 급한 성격이라고 비난하는 또 다른 사례를 제공하게 되고, 그들은 그것을 두고 기뻐하며 이야기합니다.

반면, 이와 같은 경우에 도움을 주고자 하는 사람은 '분노'라는 생각을 철저히 피하려 할 것입니다. 그는 온 힘을 다해 이렇게 생각할 것입니다.

"나는 아무개 부인이 차분하고 평온해지기를 진심으로 바랍니다. 그녀에게는 그러한 자기 통제의 가능성이 있습니다. 그녀가 내면의 신성한 가능성을 깨닫도록 돕기 위해 자주 강한 평온과 진정의 에너지를 그녀에게 보내야겠습니다."

하나의 경우, 생각은 분노의 것이고, 다른 경우는 평온의 것입니다. 하지만 두 경우 모두 생각은 반드시 그 대상에게 도달하게 되어 있으며, 그 생각이 향한 사람의 정신체와 심령체 속에서 자신의 모습을 재현하려는 경향을 보입니다.

그러므로 우리가 반드시 해야 할 일은, 친구들을 자주 그리고 사랑을 담아 생각하는 것입니다. 그러나 이때 그들의 장점을 떠올리며 생각해야 합니다. 친구의 장점에 주의를 집중함으로써, 그 장점을 강화하도록 돕고, 이를 통해 우리의 친구들에게 도움을 줄 수 있도록 노력해야 합니다. 또한, 우리가 하는 비판은 반드시 행복한 방식의 것이어야 합니다. 우리의 비판은 보통 사람들이 상상의 결점을 집요하게 찾아내는 것만큼이나, 타인의 내면에서 찾은 진주를 기꺼이 발견하고 붙잡으려는 태도를 가져야 합니다.

생각의 힘으로 운명을 바꾸는 법

사람들은 종종 "나는 내 생각을 제어할 수 없다."라거나, "나는 내

격정을 억누를 수 없다."라고 말하곤 합니다. 그리고 그 사람들은 "이에 대해 여러 번 노력했지만 계속 실패했기 때문에, 이런 노력은 아무 소용이 없다."라는 결론에 도달하기도 합니다. 그러나 이런 생각은 사실과 전혀 다릅니다. 만약 악한 성질이나 습관이 우리 안에서 어느 정도 강력한 힘을 발휘하고 있다면, 그것은 우리가 이전의 환생들에서 그러한 힘을 축적하도록 허용했기 때문입니다. 우리가 그러한 성질을 억제하기 쉬운 초기 단계에서 저항하지 않고, 그것을 허용했기 때문에, 지금은 그것이 커다란 추진력을 얻어 다루기가 어렵게 된 것입니다.

실제로 우리는 사실 특정한 방향으로 움직이는 것을 매우 쉽게 만들어 왔습니다. 반면에 다른 방향으로 움직이는 것은 상대적으로 어렵게 만들어 왔습니다. 물론 어렵다고 해서 불가능한 것은 아닙니다.

축적된 모멘텀이나 에너지의 양은 필연적으로 유한합니다. 설령 우리가 여러 번 환생하는 동안 오직 그러한 에너지를 축적하는 데만 전념했다 하더라도(이는 있을 법하지 않은 가정이지만), 그렇게 보낸 시간은 제한적이었기에 그 결과물도 필연적으로 유한할 수밖에 없습니다.

만약 우리가 이제 과거의 실수를 깨닫고, 그런 습관을 통제하고 그 추진력에 맞서기로 결심했다면, 우리는 원래 그 모멘텀을 만들어 내는 데 들였던 것과 정확히 동일한 힘을 반대 방향으로 쏟아부어야 할 것입니다. 당연하게도 우리는 수년간의 작용을 완전히 상쇄할 만큼의 충분한 힘을 즉각적으로 만들어 낼 수는 없습니다. 하지만 우리가 하는 모든 노력은 저장된 힘의 양을 줄여 나갈 것입니다.

살아 있는 영혼으로서 우리는 무한한 저장소의 힘을 끌어올 수 있습니다. 만약 우리가 인내심을 가지고 계속 노력한다면 결국 성공할 수밖에 없다는 것은 절대적으로 확실합니다. 우리가 아무리 자주 실패한다 하더라도, 매번 그 유한한 힘의 저장소에서 일부가 빠져나가게 되며, 그 힘은 우리보다 먼저 소진될 것입니다. 따라서 우리의 궁극적인 성공은 단순히 역학의 문제일 뿐입니다.

철도 역무원이 꾸준하고 지속적인 밀기를 통해 큰 화물차나 객차를 움직이게 하는 것을 보셨을 것입니다. 그렇다면 역무원이 원하는 곳에 화물차를 데려왔을 때, 어떻게 멈추게 할까요? 역무원이 아무리 최대한의 힘을 쓴다 해도 즉각적으로 화물차를 멈추게 하는 것은 불가능합니다. 그래서 역무원은 화물차 앞에 서서 강력하게 밀어 냅니다. 화물차의 전진하는 힘에 밀려 뒤로 걸어가면서도 그 전진을 막으려는 힘을 계속해서 가합니다. 이렇게 점차적으로 역무원은 자신이 만들어 낸 모멘텀을 상쇄시키고, 결국 승리를 거두어 화물차를 멈추게 합니다. 이것이 바로 이전의 카르마를 중화시키는 것을 보여 주는 좋은 실례입니다!

생각의 힘을 통한 치유

이러한 생각의 흐름을 활용하는 지식은 우리가 슬픔이나 고통을 겪는 사례를 알게 될 때마다 도움을 줄 수 있게 합니다. 우리는 물질계에서 고통받는 사람을 직접 도울 수 없는 경우가 많습니다. 우리의 물리적 존재가 그들에게 도움이 되지 않을 수 있고, 그들의 물리적 두뇌가 편견이나 종교적 독선으로 인해 우리의 제안을 받아들이지 않을 수 있습니다. 하지만 그들의 심령체와 정신체는 물질체보다 훨씬 더 쉽게 영향을 받을 수 있으며, 우리는 언제든 도움이 되는 생각의 파동이나 애정 어린 위로의 감정으로 다가갈 수 있습니다.

우리는 인과 법칙이 눈에 보이지 않는 차원에서도 눈에 보이는 차원과 마찬가지로 확실하게 작용한다는 것을 잊지 말아야 합니다. 따라서 우리가 보내는 에너지는 반드시 목표에 도달하여 그 효과를 만들어 낼 것입니다. 우리가 어떤 사람에게 위안이나 도움을 주기 위해 전하고자 하는 생각-이미지나 관념은 반드시 그 사람에게 도달합니다. 하지만 이 생각-이미지가 도달했을 때 그 사람의 마음에 얼마나 선명하게 전달될지는 두 가지 요소에 달려 있습니다.

첫째는 우리가 그 생각-이미지에 얼마나 명확한 윤곽을 부여할 수 있었는지에 달려 있습니다. 둘째는 그 이미지를 받는 순간의 수신 받는 사람의 마음 상태에 달려 있습니다.

수신받는 사람은 자신의 시련과 고통에 대한 생각으로 너무 사로잡혀 있어서 우리의 관념이 들어갈 여지가 거의 없을 수 있습니다. 하지만 이런 경우에도 우리의 생각-에너지체는 단순히 때를 기다립니다. 결국 수신받는 사람의 주의가 다른 곳으로 분산되거나, 혹은 피로로 인해 자신의 생각의 흐름을 중단해야 할 때가 오면, 우리의 생각-에너지체는 확실히 그 틈을 타고 들어가 자비로운 임무를 수행할 것입니다.

육체적으로는 아무리 좋은 의지가 있어도 고통받는 사람을 도울 수 없는 경우가 많습니다. 하지만 정신계나 심령계에서는 지속적이고 집중된 사랑의 생각을 통해 어떤 형태로든 도움을 줄 수 없는 경우는 상상할 수 없습니다.

심령 치료 현상은 물리적 세계에서도 생각이 얼마나 강력한 힘을 가질 수 있는지를 보여 줍니다. 생각은 심령계와 정신계의 물질에서 훨씬 더 쉽게 작용하기 때문에, 우리가 이 힘을 실제로 행사하고자 한다면 그 힘이 얼마나 엄청난지 생생하게 깨달을 수 있습니다.

우리는 이러한 방식으로 도움을 줄 수 있는 기회를 항상 살펴보아야 합니다. 분명히 많은 기회가 찾아올 것입니다. 우리가 거리를 걷거나, 전차를 타거나, 기차를 탈 때 우리는 종종 우울증이나 슬픔으로 고통받고 있는 것이 분명해 보이는 사람들을 볼 수 있습니다. 이것이 바로 기회이며, 즉시 그들을 돕고 격려하기 위해 행동할 수 있습니다. 우리는 그런 사람들에게 '개인적인 슬픔과 고난에도 불구하고 태양은 여전히 모든 것 위에서 빛나고 있으며, 여전히 감사할 것이 많고, 세상에는 선하고 아름다운 것이 많다'는 느낌을 강하게 전달하도록 노력해야 합니다.

때로는 우리의 노력이 즉각적인 효과를 볼 수 있습니다. 우리가 전송한 생각의 영향으로 그 사람이 밝아지는 모습을 실제로 지켜볼 수 있습니다. 항상 이런 즉각적인 물리적 결과를 기대할 수는 없지만, 자연의 법칙을 이해한다면 모든 경우에 어떤 형태로든 결과가 만들어지고 있다는 것을 확신할 수 있습니다.

6. 결어

이러한 연구에 익숙하지 않은 사람들은 자신의 생각이 목표로 하는 대상에게 실제로 영향을 미친다는 것을 믿기 어려워합니다. 하지만 수많은 사례를 통한 경험이 보여 주듯이, 이러한 노력을 수행으로 실천하는 사람은 시간이 지나면서 성공의 증거가 쌓여 더 이상 의심할 수 없게 됩니다.

모든 사람은 자신이 알고 사랑하는 이들을 돕는 것을 삶의 일부로 삼아야 합니다. 그들이 흔히 말하는 '살아 있는' 상태이든 '죽은' 상태이든 상관없습니다. 물리적인 몸의 존재 여부는 정신체와 심령체를 대상으로 하는 힘의 작용에 전혀 영향을 미치지 않기 때문입니다.

꾸준하고 규칙적인 수행을 통해 큰 선(善)이 이루어질 것입니다. 우리는 생각의 힘을 사용함으로써 그 힘이 더욱 강해질 것이기 때문입니다. 그래서 우리 자신의 능력을 발전시키고 진보를 확실히 하는 동안 세상은 우리의 친절한 노력으로 도움을 받게 될 것입니다.

저는 미국의 정신 치료 책에서 신지학적 태도가 일상생활의 의무와 관계에 어떠해야 하는지를 매우 잘 보여 주는 구절을 본 적이 있습니다.

"당신이 굽는 빵에 사랑을 반죽하십시오."

"지친 얼굴을 한 여인을 위해 포장하는 소포에 힘과 용기를 담으십시오."

"의심스러운 눈을 가진 사람에게 지불하는 동전과 함께 신뢰와 진실함을 건네십시오."

표현은 고풍스럽지만 그 생각은 아름답습니다. 모든 만남이 기회이며, 우연히 만나는 모든 사람도 도움을 줄 수 있는 대상이라는 신지학적 개념이 진정 담겨 있습니다. 이처럼 선법(善法)을 수행하는 사람은 주변의 모든 이들에게 축복을 전하며 살아가고, 어디서나 조용히 선행을 베풀지만, 종종 그 축복과 도움을 받는 이들은 그것이 어디서 오는지 알지 못합니다. 이러한 선행에 모든 사람이 동참할 수 있고, 또 동참해야 한다는 것을 절대 잊지 마십시오. 생각할 수 있는 모든 사람은 친절하고 도움이 되는 생각을 보낼 수 있으며, 우주의 법칙이 유지되는 한 그러한 생각은 결코 실패한 적이 없고, 앞으로도 실패하지 않을 것입니다. 우리는 항상 그 결과를 볼 수는 없지만, 결과는 분명히 존재하며, 우리가 평화와 사랑의 길을 걸어가며 뿌린 작은 씨앗에서 어떤 열매가 맺힐지 알 수 없습니다.

부록

생각에 대한 다스칼로스의 가르침

1. 생각-에너지체의 두 유형

리드비터와 베전트는 인간의 생각이 단순한 관념적인 것이 아니라 실제로 형태를 가지고 힘을 발휘하는 에너지체임을 보여 주었습니다. 스승인 아테쉴리스(다스칼로스)[19]도 이 생각-에너지체에 대해 매우 강조하며 많은 가르침을 남겼습니다. 그는 생각-에너지체에 대해 다음과 같이 말합니다.

"모든 생각과 욕망은 심령적, 이지적 에너지를 지니고 있어서 그것이 주변에 투사됩니다. 일단 이 생각-에너지체들이 밖으로 나오면 그것은 일정한 형체와 고유한 수명을 지니고 존재합니다. 그러므로 생

---

19. 스틸리아노스 아테쉴리스(Stylianos Atteshlis, 1912-1995): 세상에는 '다스칼로스'로 알려진 그는 키프로스 출신의 유명한 그리스도교 신비주의자이자 심령치유사다. 이 신비로운 인물의 삶은 신비로운 치유 능력과 뛰어난 영적 통찰력으로 가득 차 있었으며, 이 모든 능력은 수많은 사람들에게 깊은 영향을 끼쳤다. 다스칼로스는 보이는 세계와 보이지 않는 세계의 경계를 자유롭게 넘나드는 존재로, 그의 손길은 단순한 육체적 질병을 넘어서 마음과 영혼 깊은 곳에 자리한 상처까지 어루만져 치유하는 힘을 지니고 있었다. 그가 행한 치유는 현대 의학으로는 설명할 수 없을 정도로 놀라운 기적이었으며, 그의 능력은 단순한 기술적 지식을 넘어 근원적인 영적 힘에서 비롯된 것이었다. 또한 다스칼로스의 신비적 지식은 고대의 지혜와 현대의 과학을 아우르는 심오한 것이었으며, 이는 인류가 지닌 잠재력을 일깨우는 데 큰 역할을 했다.

각-에너지체는 그것을 투사한 사람과 동일한 주파수로 진동하는 다른 사람들에게 힘을 미칠 수 있습니다. 그래서 입문자(진리의 탐구자)들은 자기 분석과 적절한 명상 수행을 통해 타인을 돕는 자비로운 생각-에너지체만을 투사해야만 합니다."[20]

다스칼로스는 사람은 자신이 끊임없이 만들어 내는 생각-에너지체와 항상 연결되어 있으며, 그것에 책임을 져야 한다고 말합니다. 우리가 외부로 투사하는 모든 종류의 생각과 욕망, 즉 생각-에너지체들은 이 생에서든 다음 생에서든 결국 우리에게로 돌아오며, 이것이 카르마의 법칙이 작용하는 방식이라고 강조합니다. 계속해서 아테쉴리스의 생각-에너지체에 대한 가르침을 살펴보겠습니다.

"생각-에너지체는 다른 생명체들과 마찬가지로 그것을 방사한 사람과는 무관하게 고유의 수명을 지니고 독립적인 존재를 영위한다. 사람이 방사하는 모든 느낌이나 생각이 모두 생각-에너지체이다. 생각-에너지체에는 두 가지 종류가 있다. ① 무의식적으로 만들어지는 생각의 에너지체로서 '욕망-지성'의 에너지체 그리고 ② 의식적으로 만들어지는 '지성-욕망'의 에너지체가 그것이다.

...

사람은 생각이나 감정을 통해서 진동한다. 그가 진동하는 방식이

---

20. 키리아코스 C. 마르키데스, 《지중해의 성자 다스칼로스 2》(이균형 역, 정신세계사, 2007), p.29
 * 이하 키리아코스 C. 마르키데스는 마르키데스로, 《지중해의 성자 다스칼로스 1, 2, 3》은 《다스칼로스 1, 2, 3》으로 줄여 표기함.

그가 만들어 내는 생각의 에너지체의 형태와 질을 결정한다. 그가 주로 감정을 통해서 진동한다면 그는 감정과 욕망의 영향권 아래에 놓여 있게 되고 생각은 그에 대해 추종적인 역할만 한다. 이것이 ① 욕망-지성의 에너지체다. 한편 사람이 생각의 영향권 아래에 놓이게 되면 그는 정신계의 질료로 만들어진 생각-에너지체를 만들고 강한 심상을 그리는 능력을 구사할 수 있게 된다. 그래서 입문자들은 훈련을 통해서 강한 생각으로 만들어진 강력하고도 자비로운 생각의 에너지체를 만들 수 있어야 한다. 여기서 감정과 욕망은 부수적인 역할만 한다. 이러한 ② 지성-욕망의 에너지체는 더 영향력이 있고 오래 남아 있으며, 그것이 만들어졌던 소기의 사명을 빨리 완수한다.

① 욕망-지성의 에너지체는 생각과 욕망의 본질에 대한 이해가 부족한 일반 사람들에게서 흔히 발견된다. 그래서 그들은 바로 자신이 만들어 내었던 생각-에너지체에 의해 희생되고 만다. 생각의 에너지체가 일단 외부로 방사되면 그것은 결국 그것을 만든 사람의 잠재의식 속으로 되돌아오는 것이 우주의 법칙이다. 그리고 그것들은 기억의 무더기 속으로부터 의식의 표면으로 떠올라 새로운 힘을 얻어서는 다시 잠재의식 속으로 잠복한다. 이 생각의 에너지체는 그 사람의 잠재의식 속에서 좀 더 영구적인 기반을 확보하게 될 때까지 이런 순환을 되풀이한다. 그리고 그 사람의 에테르복체로부터 에너지를 흡수하여 자신의 생명을 이어 나간다. 이것이 흡연, 도박, 음주와 같은 습관이나 강박관념이 형성되어 가는 과정인 것이다."[21]

---

21. 마르키데스, 《다스칼로스 1》(이균형 역, 정신세계사, 2007), pp.66-67

2. 생각의 에너지체와 삶의 실체

생각-에너지체의 생성 과정

"생각-에너지체가 형성되는 과정을 한번 살펴봅시다."

다스칼로스는 30여 명의 제자들이 귀를 기울이고 있는 가운데 설명을 계속했다.

"인간이 어떤 것의 존재를 인식하기 전에는 그것에 대한 욕망을 가질 수가 없다는 것은 아시겠지요. 예를 들어 내가 어떤 대상을 본다는 것은 곧 빛의 파동이 그 물체의 표면에 반사되어서 그것의 모양을 나의 눈에 전달해 주는 것이지요. 그것은 시신경에 자극을 주어 두뇌에 '보이는 것'으로 인식되게 합니다. 이제 제가 사람들이 귀중히 여기는 물건을 보고 있다고 가정합니다. 다이아몬드 목걸이라고 해 두지요. 나는 눈을 통해 이 대상의 존재를 인식합니다. 제가 다이아몬드 목걸이를 매우 갖고 싶어 하는 사람이라고 가정해 봅시다. 그러면 무슨 일이 일어날까요? 심령질(psychic matter)이 그 목걸이의 형상 주위로 결집됩니다. 욕망이 형성되는 것이지요.

욕망이 탄생하는 것을 가능케 하는 것이 정확히 말해서 이 심령질인데, 욕망에 뒤이어서 그것을 어떻게 만족시킬 것인가, 이 경우엔 그 목걸이를 어떻게 손에 넣을 것인가 하는 생각이 뒤따르게 됩니다. 대상을 중심으로 그 대상을 손에 넣는 것을 목표로 하는 일련의 생각-에너지체가 형성됩니다. 대상의 존재에 대한 인식과 그것을 소유하고자 하는 욕망만으로는 아직 부족합니다. 그러한 생각-에너지체가 형성되기 위해서는 그에 대한 생각이 뒤따라야만 하는 것입니다. 그 사람은 자신도 모르는 사이에 머릿속에서 상상을 펼치기 시작합니다."

"우리가 그를 목걸이가 있는 곳으로부터 다른 곳으로 데려와 놓고 그것을 마음속으로 가져와 보라고 하면 어떻게 될까요? 틀림없이 그는 그것을 아주 자세하게 재창조해 낼 것입니다. 똑같은 것을 보고도 그리 마음이 끌리지 않았던 사람이라면 그만큼 정확하게 마음속에 그려 낼 수가 없었을 것입니다. 그러니까 욕망과 마음의 집중이 정신 물질(noetic matter)로 만들어진 심상을 형성시키는 것입니다. 이것이 바로 생각의 정체입니다. 그것은 정신 물질이 응축된 것입니다. 우리는 그 대상을 정신계의 빛으로(즉, 사념 속에서) 보기 시작한 것입니다."[22]

---

22. 마르키데스, 위의 책, pp.68-69

기억과 인식 그리고 삶의 실체

"여기서 잠깐 주의해 봅시다. 진정한 소유란 무엇일까요? 보통 사람들이 실체라고 하는 것은 그 물건을 말하는 것일까요? 아니면 우리가 마음속에서 만들어 내었던 생각-에너지체일까요? 우리가 소유한 값진 물건을 금고 속에 넣어 잠가 두었다고 합시다. 그 물건에 대한 생각-에너지체는 우리 속에 있습니다. 자신의 일부분이 되어 있는 것이지요. 그것은 우리의 기억의 창고 속에 있으며 원할 때는 언제든지 의식으로 끄집어낼 수가 있습니다. 그러나 사람들에게는 그것이 실체가 아닌 것처럼 느껴집니다. 하지만 당신이 그것에 대한 기억을 불러내지 못한다면 그것이 금고 속에 있다는 사실을 어떻게 알 수가 있습니까? 이 점을 잘 생각해 보세요.

좀 달리 이야기해 볼까요. 비밀금고 속에 어마어마한 보물을 숨겨 둔 부자가 기억상실증에 걸렸다고 해 봅시다. 그의 머릿속의 기억은 모두 사라져 버렸습니다. 그의 마음 밖에 있는 대상이 그에게 대체 무슨 가치가 있으리라고 생각하십니까? 아무런 가치도 없습니다. 그렇다면 사물의 가치의 진정한 근원은 어디에 있습니까? 이 점은 여러분이 곰곰이 생각해 볼 필요가 있습니다. 그러지 않고는 여러분도 삶의 본질을 꿰뚫어 볼 수 없을 것입니다.

삶의 실체란 곧 인상을 받아들이고 그것을 해석하는 것이 아니면 달리 무엇이겠습니까? 여러분 주변의 세계를 한번 생각해 보세요. 이 생각-에너지체들을 벗어나서 이 세계를 생각할 수가 있습니까?"

"우리가 이 세계를 선한 것으로 보느냐 악한 것으로 보느냐 하는 것은 우리가 내면에서 만들어 외부로 방출하는 생각-에너지체의 성질에 달린 것이라는 사실을 이쯤에서 깨달아야만 합니다. 이 3차원의 세계에서는 우리의 마음속에서 어떤 가치를 지니지 않은 것은 아무것도, 어떤 것도 결코 가치를 지닐 수가 없습니다.

...

모든 것은 우리의 내면에 있는 것입니다."[23]

---

23. 마르키데스, 위의 책, pp.69-70

3. 생각-에너지체의 활동과 영향력

생각-에너지체의 외형과 움직임

다스칼로스는 잠시 말을 끊었다가 이번에는 생각-에너지체의 물리적인 외형, 즉 좀 더 정확히 말해서 자신과 같은 투시 능력자에게는 생각의 에너지체가 어떤 모습으로 보이는지에 대해서 이야기하기 시작했다.

"생각-에너지체가 만들어질 때 그 모양이 양미간 사이에 위치한 차크라에 나타납니다. 투시 능력자는 그것이 처음에는 마치 바늘귀와 같은 모양으로 나타나는 것을 볼 수 있습니다. 그것은 그 사람의 에테르복체 밖으로 밀려 나오는 순간부터 자신의 크기와 모양을 갖추기 시작합니다. 그리고는 심령계로 이동해서 한 바퀴 둥글게 도는데, 그 움직임의 크기는 욕망의 강도에 비례합니다. 그리하여 그것은 그 사람에게로 돌아갑니다. 이때 그것은 그의 심령체로 들어가지만 처음에 나왔던 그곳을 통해서 들어가는 것이 아니라 두개골 뒤에 위치한 다른 중추를 통해서 들어갑니다.

...

생각-에너지체의 모양은 그 종류에 따라 다릅니다. 갖고자 하는 집이나 자전거, 자동차 등의 모양이 될 수 있습니다. 이런 것들은 우리의 잠재의식 속에서 비교적 짧은 기간 동안 남아 있는 욕망-지성 에너지체의 구체적 형상의 예입니다. 이러한 생각-에너지체들은 아까 말했듯이 마치 유충이 먹이를 찾듯 새로운 생명의 기간을 구하기 때문에 그렇게 짧게 남아 있는 것입니다. 그것은 다시 양미간의 차크라로 떠올라 와서 빠져나가려고 합니다. 그러면 그의 심령체에 이와 공명되는 진동이 다시 시작됩니다. 그가 그것을 다시 기억해 내면 욕망은 점차 강해집니다. 생각-에너지체는 다시 한번 빠져나와서 둥근 궤도를 그리며 움직입니다. 일반인들은 무슨 일이 일어나고 있는지 깨닫지 못하지요. 생각-에너지체는 그를 지배하려고 합니다. 그것이 너무나 힘이 커져서 제어하기가 불가능해지는 수도 있습니다. 그러면 그 사람은 자신의 욕망의 노예가 되어 때로는 심해지면 정신병자가 되기까지 합니다."[24]

부정적 감정의 에너지체

"분노와 증오, 자존심이 강한 느낌, 겉치레, 과시 등 우리의 이기주의에서 비롯되는 병적인 상태들은 어떻습니까? 이런 생각-에너지체

---

[24]. 마르키데스, 위의 책, p.71

들은 다른 모든 생각-에너지체들이 만들어지는 것과 똑같은 방식으로 만들어집니다. 이기주의는 그 자체가 자의식이 강한 인격 속에 형성되어 있는 하나의 생각-에너지체라는 것을 알아 두세요. 그것은 많은 생각-에너지체가 복합된 것입니다. 그것은 매우 민감해서 조금만 자극해도 반응합니다. 이기주의는 온갖 생각-에너지체를 다 만들어 낼 수 있습니다. 예를 들자면 어떤 사람에 대해서 악한 생각을 품고 있는 사람은 흔히 어두운 녹색 계통의 썩은 냄새를 풍기는 뱀 모양을 한 생각-에너지체를 만들어 내는 것을 보았습니다. 그것들은 미간이나 가슴으로부터 나옵니다. 그것은 우리가 의식, 무의식적으로 주목하는 대상에게로 가서 그의 오라에 달라붙으려고 합니다. 때로는 그런 생각-에너지체가 왕뱀만 하게 커지기도 해서 그것이 돌아오면 가슴이 터질 듯이 답답한 것을 느끼게 됩니다.

...

  사람들이 그러한 에너지체를 하루에도 얼마나 수도 없이 만들어 내는지를 생각해 보셨습니까? 그들이 자신이 방사해 내는 생각의 에너지체의 모습을 보았더라면 기겁을 할 겁니다. 이것이 흔히 '악마의 눈'이라고 하는 것입니다. 나는 언젠가 죄를 고백하는 사람의 모습을 그린 그림을 보았는데 그의 입에서는 뱀이 쏟아져 나오고 있었습니다. 그것이 단순히 화가의 공상이라고만 생각하지 마세요. 투시 능력자들은 실제로 이 뱀들을 봅니다. 여러분도 꿈속에서 이러한 에너지체들이 자신을 덮치려는 것을 종종 보시지 않습니까? 이런 에너지체들은 다른 사람이 당신에게 보낸 것이거나 자신이 만들어 낸 것입니다. 혹은 잠 속에서 에테르계에 떠돌아다니고 있는 생각-에너지체의 무더기로부터 당신이 끄집어낸 것일 수도 있습니다. 욕망-지성의 에너지체는 고유의 형태와 힘과 수명을 가지고 있습니다. 그것들은 뱀, 곰, 혹은 다른 동물이 될 수도 있습니다. 아이들은 종종 꿈속에서 그런 것들을 보고 악몽에 시달리지요."[25]

생각-에너지가 깃든 물건과 장소

"머릿속에 생각으로 스쳐 지나가는 것은 무엇이든지, 어떤 심상(心像)이든 욕구든 모두가 생각-에너지체를 만들어 내고 있는 거라네. 내 지적해 두겠는데, 생각-에너지체는 심지어 책을 다 쓰기도 전에, 영화나 예술 작품이 완성되기도 전에 만들어진다네. 이런 생각-에너지체를 만들어 내는 것은 인간의 생각과 감정이야. 예술품이나 보석이나 사진, 그림, 그리고 기타 물질적인 것들은 알게 모르게 이런 생각-에너지체들에 의해 자화(磁化)될 수 있어.

우리가 사람들에게 도움을 줄 수 있는 부적을 만들어 내는 것도 사실 이런 방법을 통해서라네. 좋은 생각의 에너지를 불어 넣는 거지. 그렇게 해서 좋은 기운을 뿜어내는 부적을 만들 수 있는 거라네. 마찬가지로 어떤 물건의 소유와 관련하여 일으키는 질투나 증오 같은 부정적 감정은, 그 소유자에게 불행한 일들이 일어나게 할 수 있는 강력

---

25. 마르키데스, 위의 책, p.72

한 파괴적 생각-에너지체를 그 물건에 스며들게 한다네. 알겠나? 물건들이 제 안에 생각-에너지체를 가지고 있단 말일세."

마르키데스가 말했다.

"같은 원리로 긍정적이거나 부정적인 생각-에너지체의 에너지로 충전된 어떤 장소나 지역도 있을 수 있겠군요."

"그렇지. 예를 들자면 나는 생각-에너지체가 작용해서 사고가 자주 일어나는 장소들을 알고 있네. 입문자인 우리의 의무 중 하나는 그런 장소에 가서 이런 부정적인 생각-에너지체들을 해체시키는 것이라네. 그것을 어떻게 하느냐고 묻겠지? 그 생각-에너지체의 에너지와 상반되는 에너지를 만들어 냄으로써 그렇게 할 수 있어. 그러면 생각-에너지체 자체의 에너지는 중화되고, 그 형상은 우주의식 또는 우주의 기억이라고 부르는, 또는 사람들이 아카샤의 기록이라고 부르는 것 속으로 물러난다네. 전에도 말했듯이, 일단 창조된 생각-에너지체는 결코 파괴될 수가 없네. 우리가 실제로 그런 생각-에너지체를 해체했을 때도 사실은 그것의 에너지를 해체한 것뿐이야. 그 생각-에너지체의 형상은 비록 활동하지는 않지만 우주의 기억 속에 항상 남아 있을 것이네."[26]

---

26. 마르키데스, 《다스칼로스 3》(김효선 역, 정신세계사, 2008), pp.181-182

감정 정화의 중요성

"이런 생각-에너지체들의 에너지를 해체하기 위해서 그런 장소를 방문할 때 공격당할 위험은 없나요?"

마르키데스가 물었다.

"물론 있지. 하지만 그것들이 내게 해를 끼칠 수 있을까? 아닐세. 절대 끼칠 수 없어. 물론 이런 일은 유쾌하지는 않아. 이 생각-에너지체들은 내가 누군가를 증오하거나 나쁜 감정을 갖거나 불평불만을 가질 때만 내게 해를 끼칠 수 있다네. 그러므로 입문자들은 자신의 잠재의식에 있을 수 있는 부정적인 감정이나 생각을 깨끗이 순화하는 일에 매우 신경을 써야만 하네. 그렇지 않으면 그들 안에 있는 부정적인 에너지가 자신이 해체하려 하는 외부의 사악한 생각-에너지체들을 끌어당길 것이네. 그래서 나는 그런 일을 하기 전에 항상 나 자신을 포함해서 같이 일하는 사람들 안에 부정적 감정의 기미가 없는지를 확실하게 점검한다네. 다시 말하자면, 가슴이 순수한 사람은 흑마술이나 사악한 주문, 악한 세력 등을 걱정할 필요가 없는 걸세."

"하지만 범죄나 역사적 원인에 의해 생겨난 사악한 생각-에너지체로부터 완벽하게 보호될 수 있을 만큼 순수한 사람이 사실 얼마나 되겠어요? 그러한 생각-에너지체들이 사악하지는 않지만 그다지 순수하지도 않은 보통 사람들을 공격할 수 있을까요? 예를 들어 우리는 사람들이 흉가라고 부르는 집에 살게 될 수도 있는데, 그곳에 쌓인 모종의 부정적인 에너지 때문에 고생할 수도 있겠지요."

"옳은 얘기야. 하지만 어떤 고통을 겪든 간에, 그것은 우리가 내면에 쌓아 놓은 부정적 에너지의 양과 강도에 비례하게 될 걸세. 한 가지 예를 들어 보지. 나는 오랫동안 서로 싸워 온 양치기들을 알고 있네. 그들은 서로 저주를 퍼부으면서 자신들의 생각과 행동으로, 자네 친구의 표현을 빌리자면 '제멋대로 떠다니는 악의 존재'를 만들어 냈네. 그들이 싸움을 벌였던 그 지역의 자기장은 하루 중 어떤 시간대가 되면 그런 생각-에너지체들이 용이하게 표출되고 활성화되게 만드는 상태가 된다네. 이제 누군가에 대해 부정적인 감정을 가지고 있는 어떤 사람이 그 지역을 지나간다고 상상해 보게. 그러면 양치기들이 만들어 낸 생각-에너지체가 그를 공격해서 고통을 줄 수도 있다네. 어느 정도로 고통을 줄까? 그 사람은 육체적인 통증이나 쇠약증, 신경증, 두통 등을 겪을 거야. 따라서 입문자들과 보이지 않는 구원자들의 의무는 그런 생각-에너지체들이 있는 곳을 찾아가 그것들을 해체하는 것, 즉 그 생각-에너지체들의 에너지를 분해하고 현장에서 추방해 버리는 일이야. 그래서 우리는 유체이탈을 통해 심령이지체로 그런 곳을 여행하며 늘 그런 일을 하고 있지. 그렇게 일하면 쉽게 많은 일을 할 수 있다네."

다스칼로스는 싱긋이 웃으며 말했다.[27]

---

27. 마르키데스, 위의 책, pp.183-184

부정적 생각-에너지체 대응법

누군가가 물었다.

"흡연이나 음주벽 같은 생각-에너지체와는 어떻게 맞설 수 있습니까? 흡연이나 음주를 즐기는 사람들과 만나는 자리를 피하면 될까요?"

"무엇보다도 우선 그런 생각-에너지체와 대적하지 말아야 합니다. 적은 보이지도 않을 뿐 아니라 당신은 이길 수가 없습니다. 그런 생각의 에너지체에 대항해서 싸움을 거는 것은 그것에 힘을 더해 주는 결과가 됩니다. 그 힘을 중화시키는 길은 그것을 무시해 버리는 것입니다. 한 가지 예를 들어 드리지요. 요즈음 우리 사회에서 정치문제를 놓고 광적으로 다투는 사람들을 너무나 많이 볼 수 있습니다. 정치적인 싸움은 날마다 일어나서 심지어 가족들끼리도 서로 반목하게 만듭니다. 이것은 사람들을 어리석게 만드는 불행한 일입니다. 저는 이런 사람을 하나 알고 있었는데 그는 정치적인 다툼에 말려들지 않으려고 여러 번 노력을 해 보았지만 허사였습니다. 그는 언제나 어떻게 해서든 그 다툼에 끼어들어서는 결국 분노에 휩싸여 치를 떠는 것이었습니다. '나는 그들이 그런 말을 하는 것을 도저히 듣고 있을 수가 없어요!' 그는 내게 이렇게 말했습니다. 그는 자기도취의 생각의 에너지체가 매우 강하다는 것을 여러분도 알 수 있겠지요. 그는 자신을 과시하고 싶었고 자신이 남들보다 더 많이 알고 있음을 입증하고 자신의 견해를 남들에게 강요하고 싶어 했습니다. 저는 그에게, 그것은 자신의 약점이며 자기분석을 통해서 극복할 수 있음을 설명해 주었습니다. 저는 그에게 자신의 충동에 대항하지는 말고 의식적으로 무관심한 태도를 지키도록 노력하라고 했습니다. 내일 출근했을 때 그들이 또 정치 논쟁을 벌이면 당신은 틀림없이 또 끼어들고 싶은 충동이 생길 것입니다. 그 순간에 자신을 억제하는 힘을 잃어서는 안 된다는 것을 다짐하세요. 당신 내부의 생각-에너지체는 당신이 거기에 끼어들어 자신의 지식과 지혜를 과시할 것을 충동질할 것입니다. 그들의 논쟁을 주의 깊게 경청하고 판단하세요. 하지만 아무 말도 하지 마세요."

"차라리 자리를 뜨는 것이 더 낫지 않을까요?"

그가 물었다.

"아닙니다. 그 자리를 피하면 얻는 것은 아무것도 없습니다. 말할 것도 없이 그에게는 이 연습이 매우 힘들었습니다. 처음에는 유혹을 물리치지 못했습니다. 그러나 그날 그는 근무를 마치고 자신의 행동을 돌이켜 보았습니다. 서너 번의 시도 끝에 그는 자신의 문제를 극복했습니다. 하루는 그가 내게로 찾아와서 자신이 친구들에게 승리할 수 있게 도와준 데 대해서 감사를 표했습니다. 무관심은 생각-에너지체로 하여금 힘을 잃게 하여서 결국은 중화시켜 버립니다. 그것들은 해체되어 버리거나 에테르의 공간을 떠다니다가 다른 사람에게 옮겨 갑니다. 영적으로 진화해 갈수록 우리는 자신이 만들어 놓아 에테르 공간에 떠다니게 만든 생각-에너지체에 의해서 우리의 이웃 사람들이 영적으로 퇴보하게 되는 것에 대해서 책임을 의식하게 됩니다. 이제 그리스도께서 '너희가 심판받지 않도록 남을 심판하지 말라'고 말씀하신 이유를 이해하시겠습니까? 그것은 우리는 우리 내면의 자아에 의해 심판받을 것이기 때문입니다. 여러분이 그 생각-에너지체를 만들어 내게끔 했던 그 상황을 지금은 극복했다고 하더라도 그 생각-에너지체는 여러분이 만든 것입니다."[28]

---

28. 마르키데스,《다스칼로스 1》, 앞의 책, pp.75-76

4. 집단적 생각-에너지체와 그 영향

생각이 창조한 신적 존재들

"많은 위험에 둘러싸인 (선사시대) 인간은 자신을 보호해 줄 더 강력한 존재에 의지해야 할 필요성을 느꼈습니다.

…

인간은 태양신이 자신에게 힘을 준다고 느끼며 태양을 숭배했습니다. 인간들은 달, 불, 강, 산, 그리고 자연을 숭배했습니다. 그들은 종종 자신의 신들에게 인간의 형상을 부여하고 이름을 붙였습니다. 물론 인간이 숭배했던 신들은 많은 사람들이 숭배할 때 힘과 일종의 지능을 가지게 되는 에너지체들(elementals)이었습니다. 이 에너지체들은 인간들이 숭배하는 사람들의 기도로 강화되어 그들에게 큰 영향을 미칠 수 있었습니다."[29]

"미지의 것에 대한 두려움 때문에, 인간은 과거 수 세기 동안 신들

---

29. 스틸리아노스 아테쉴리스,《생명의 상징(The Symbol of Life)》(1998)

을 창조하면서 마음의 초물질(super-substance)을 형성해 왔습니다. 전 세계 모든 곳에서 많은 신들을 말입니다.

그 모든 신들은 무엇이었습니까? 그들은 정말로 존재했습니까? 그들은 지금 존재합니까?

네. 그들은 존재합니다. 왜냐하면 그들은 필연성과 두려움을 통해 창조된 인간 생각들의 에너지체였기 때문입니다. 그리고 과거의 모든 신들은 단지 그들을 창조하고 투영한 사람들의 수준에 불과했습니다. 하지만 우리는 사람들이 생각의 에너지체에 동조하는 생각이 크거나 많아질수록 그것을 강화한다는 것을 알고 있습니다.

우리는 생각-에너지체가 무엇인지, 무엇을 하는지, 그리고 어떻게 그것들을 선을 위해 사용할 수 있는지를 가르칩니다. 생각-에너지체란 무엇입니까? 모든 감정과 모든 생각은 마음의 형태 없는 초물질로부터 형상을 창조합니다. 그리스도(예수)는 이러한 형상들에 대해 말씀하시면서, 그것들을 논리도 실체도 없는 영들이라고 부르셨습니다. 그리고 그는 인간이 투사하는 생각-에너지체의 본성과 그것들이 자신을 투사한 사람이나 그들과 같은 진동수로 진동하는 사람들에게 돌아올 때 무엇을 하는지에 대해 말씀하십니다. 수 세기 동안 사람들은 그것들을 '들소의 영' 또는 다른 많은 이름으로 불렀습니다. 그것들은 특정한 형태의 에너지이며, 과거에 존재했고 지금도 존재합니다. 아무것도 사라지지 않습니다.

이제 우리는 그리스도교로 돌아갑니다. 과거에는 전 세계 모든 곳에서 같은 방식으로 많은 신들이 인간의 생각-에너지체로 인해 창조되었습니다. 그들은 그것들을 투영한 사람들의 생각만큼 강력했습니다.

...

오늘날 (신앙의 대상이 되는) 그리스도는 생각-에너지체입니까? 그리스도, 성모 마리아 또는 다양한 성인들의 이름을 지닌 에너지체들이 있을까요? **그들은 지금 존재합니까?**

제가 말씀드리죠, **그들은 존재합니다.**

하지만 우리는 진정한 그리스도교인들로서 그러한 우상(생각-에너지체)들을 믿어야 합니까?

우리는 그 생각-에너지체들이 존재하고, 그것들을 창조하거나 투영한 사람들을 인도하거나 잘못 인도할 수 있는 권능을 가지고 있다는 이유로 우상들을 숭배할 수 있습니까?

물론, 아닙니다."[30]

---

30. 아테쉴리스의 1989년 9월 25일 스토아 강연 내용 중에서 발췌

전쟁과 비극을 만드는 집단 에너지체

"우리는 세계대전을 겪었습니다. 독일과 영국의 크리스천들은 로마 가톨릭이든 개신교든, 신에게 전쟁에서 승리하도록 도와 달라고 기도했습니다. 그들은 어떤 신에게 기도했습니까? 그리스도교 군인들은 전쟁터로 행진했습니다. 그리스도께서 전쟁을 가르치셨습니까? 그리스도께서 인간의 몸으로 존재했을 때, … 당시 팔레스타인은 로마의 지배하에 있었습니다. 그는 로마인들에게 전쟁을 선포했습니까? 그는 로마인들을 팔레스타인에서 몰아내려고 했습니까? 아닙니다! 왜 그래야 했겠습니까? 그는 인간을 무지로부터 해방시키고 싶어 했습니다. 그분은 모든 일이 이루어질 것이라고 말씀하셨습니다. 하지만 인간이 진실을 보지 않는 한 전 세계의 전쟁과 악은 멈추지 않을 것입니다.

<u>인류의 가장 큰 적은 우리가 민족주의라고 부르는 것</u>[31]입니다. 하지만 이 악마들의 제단 위에는 다른 이름을 가진 많은 악들이 있습니다.

---

31. 다스칼로스(1912-1995)는 유럽이 제1차 세계대전의 불길 속에 휩싸인 시기에 태어났다. 27세 되던 해에 제2차 세계대전이 발발했고, 전쟁이 끝날 무렵 그는 33세였다. 1963년에는 그리스계와 터키계 간의 격렬한 유혈 충돌이 키프로스에서 벌어졌는데, 당시 그의 나이는 51세였다. 그리고 1974년 터키의 키프로스 군사 침공 때는 62세였다. 젊은 시절 그는 영국의 식민 통치에 맞서는 반식민지 지하운동에 참여했으며, 그리스와 터키 간의 민족 갈등이 고조되던 시기에는 그리스계 민병대로 활동하기도 했다. 그의 세대가 겪은 두 차례의 세계대전과 키프로스에서의 민족 간 유혈 충돌의 핵심적인 원인은 민족주의에 있었다. 그가 민족주의를 인류의 가장 큰 적으로 간주한 것은, 바로 이러한 격동의 역사 속에서 직접 체득한 경험에서 비롯된 것이었다.

우리가 그들을 악마라고 부르는 이유는 생각-에너지체가 신과 천사만이 아니기 때문입니다. 생각-에너지체의 질은 그것을 투사하는 사람들의 진동수에 따라 달라집니다. 이 이름으로 지구에 얼마나 많은 피가 흘려졌습니까? 사람들은 자신들이 옳다고 믿으며 자신들이 하는 일을 했습니다."[32]

"사람들은 자신들의 애국심이 그들이 적이라고 부르는 사람들의 애국심 또한 부추긴다는 사실을 깨닫지 못하고 있습니다. 애국심은 전체 분위기를 극단적으로 몰아가는 생각-에너지체입니다. 그리스인들이 3월 25일 독립기념일에 깃발을 날리고 북을 치며 경축 행진을 하면 그들의 흥분된 애국심은, 말하자면, 그리스계 키프로스인들의 특성이 체화된 생각-에너지체를 만들어 냅니다. 하지만 이 그리스인들의 생각-에너지체에는 그것의 오라가 있고, 그것은 터키계 키프로스인들에게 흡수됩니다. 그러면 그들도 애국자가 되어 그리스계 키프로스인들이 하는 짓을 하나하나 본받게 됩니다. 그러므로 사람들이 이런 애국적 광란극에 몰두할 때, 그것은 실질적으로 기대하는 것과는 반대의 결과를 가져옵니다. 터키계 키프로스인들을 터키인으로 만든 것은 우리란 말입니다.

한편의 애국적 감정은 상대편의 애국적 감정을 자극하고 기름을 부어 주는 성질을 가진 에테르의 파동입니다. 그리고 이것은 애국심에

---

32. 아테쉴리스의 1989년 9월 25일 스토아 강연 내용 중에서 발췌

만 해당되는 원리가 아닙니다. 종교에도 마찬가지로 적용됩니다. 사람들은 모스크와 교회에서 기도를 하고 자신들의 신에 대해 광신도가 됩니다. 날마다 얼마나 많은 괴물 같은 생각-에너지체들이, 즉 '믿음과 국가'라는 생각-에너지체들이 만들어지고 있는지 아십니까? 사람들이 생각-에너지체의 법칙을 이해하면, 이지적 심상이 어떻게 만들어지는지를 이해한다면, 그들은 자신이 무엇을 만들어 내든지 그것이 결국 자신의 머리 위에 되돌아와 내려앉으리라는 사실을 깨달을 것입니다.

인과의 법칙, 카르마의 법칙은 함부로 건드릴 수가 없습니다. 마음, 곧 우리 모두가 그 속에서 헤엄치며 살고 있는 무한한 파동의 대양은 함부로 건드릴 수가 없는 것입니다. 애국심의 파동을 일으키는 바로 그 순간 모두가 그것의 영향력에 노출될 것입니다. 국군의 날 행진과 경축행사보다 더 어리석고 범죄적인 일은 없습니다. 따라서 우리는 날마다 사람들이 광신주의로 끊임없이 만들어 내고 있는 이 괴물들을 중화시키기 위해 고군분투해야 합니다."[33]

---

33. 마르키데스, 《다스칼로스 2》, 앞의 책, p.306

5. 부정적 생각-에너지체 중화법

"이 괴물 같은 생각-에너지체들이 그토록 강력하다면 그것을 어떻게 중화시킬 수 있나요?"

마르키데스가 물었다.

"균형을 맞추기 위해 그에 상응하는 사랑과 이해의 생각-에너지체를 투사하는 것이지요."

"하지만 당신이 만들어 내는 사랑의 생각-에너지체가 전통과 역사가 만들어 내는 증오와 폭력의 생각-에너지체들만큼 강력한가요?"

마르키데스는 다시 물었다.

"다행스럽게도 선이 악을 물리치는 것이 사물의 이치입니다. 악은 악끼리 대적하지요. 그러는 과정에서 그들은 서로 지치고, 또 선은 선을 돕기 때문에 이들은 서로를 북돋아 줍니다. 증오심을 가진 사람은 상대방에게도 비슷한 감정을 일으켜 놓기에 이들은 둘 다 고통을 겪지요. 그들은 서로를 벌한답니다. 이것이 카르마가 작용하는 법칙입니다. 사랑은 사랑을 강화시킵니다. 증오는 증오를 소모시킵니다."[34]

그리고 다스칼로스는 "우리는 우리를 미워하는 사람에게 사랑의 염원을 보냄으로써 자신을 평온하게 할 수 있습니다. 그럼으로써 우리가 그들을 미워하는 마음을 풀어 버리게 됩니다."[35] 하고 설명한다.

누군가가 질문했다.

"받아들이려고 하지 않는 사람에게 좋은 생각을 보내면 어떻게 될까요?"

"이미 말했듯이 우리가 방출하는 어떤 생각-에너지체도 결국은 우리에게로 돌아오는 것이 법칙입니다. 악한 생각-에너지체의 경우에는 그것이 의식적으로 만들어졌건, 무의식적으로 만들어졌건 간에 벌은 그 안에 처음부터 내재해 있습니다. 그것은 더 큰 힘과 길어진 수명을 가지고 되돌아오게 됩니다. 악한 생각-에너지체의 목표 인물은 그것을 발한 사람과 같은 파동을 가지고 있는 경우에 한해서만 영

---

34. 마르키데스, 위의 책, p.306
35. 마르키데스, 《다스칼로스 1》, 앞의 책, p.73

향을 받습니다. 그렇지 않을 경우에 생각-에너지체는 그의 오라에 부딪쳐서 되돌아오며 원래의 힘보다 일곱 갑절이나 강해집니다. 이러한 종류의 생각-에너지체야말로 입문자들이 '만들어 내지 않는 방법'을 배워야만 할 형태의 것입니다. 예수께서는 이런 생각-에너지체들을 인간으로부터 나와서 갈 바를 모르다가 똑같은 것들을 더 많이 이끌고 돌아오는 '귀머거리, 벙어리 영'이라고 불렀습니다."

"이와 비슷하게 우리가 발한 자비로운 생각-에너지체도 그 대상이 받아들일 태세가 되어 있지 않을 때는 그의 오라에 부딪혀서 우리에게로 되돌아옵니다. 하지만 그런 경우라도 생각-에너지체는 그의 오라 위에 흔적을 남깁니다. 그 힘은 그대로 남아 있어 어느 때라도 그가 비슷한 마음의 파동을 가지게 될 때 그에게 도움을 주게 될 것입니다. 그러므로 우리는 선한 것은 절대로 헛되이 없어져 버리지 않는다는 사실을 항상 기억해야 합니다. 그리고 사랑을 받을 만한 자격이 없다고 생각하는 사람을 여러분이 사랑한다면 포기하거나 실망하지 마십시오. 계속해서 그에게 사랑과 선의로 가득 찬 생각-에너지체를 보내십시오. 그는 이 생에서건, 다음 생에서건 언젠가는 그 생각-에너지체의 영향을 받게 될 것입니다.

'너희의 원수를 사랑하라'고 하신 예수님의 말씀을 기억하십시오. 우리가 적으로 생각하고 있는 사람들이 사실은 무지 때문에 고통받고 있는 사람들이라는 사실을 명심하십시오. 우리에게 '원수'라는 말은 존재하지 않습니다. 우리는 무지한 사람들을 원수라고 불러서는 안 됩니다. 명심하십시오. 자신을 사랑해 주는 사람을 사랑하는 것은 지극히 인간적이며 당연한 일입니다. 그러나 자신을 증오하는 사람을 사랑한다면 그것은 하나의 거룩한 일입니다. 그것은 우리를 영적으로 고양시켜 줍니다. 우리를 사랑하는 사람을 미워한다면 그것은 악마적인 일입니다. 불행히도 우리 사회에서는 이런 일이 너무나도 많이 일어납니다."[36]

"생각-에너지체의 힘과 형체는 그것이 만들어진 애초의 목적이 달성될 때까지 사라지지 않는다는 것을 잊지 마세요. 우리가 자신의 생각과 행위의 결과를 감수할 각오를 하고 있지 않으면 안 된다는 이유가 바로 이것입니다. 우리는 생각-에너지체에 대해서 이번 생에서만 책임을 지는 것이 아니라 다음 생에서도 책임을 져야 합니다. 그러므로 생각-에너지체를 만든 사람은 자신이 만든 그것과 언젠가는 마주쳐야 하는 것입니다. 지금까지의 삶의 영향 아래에서 벗어날 방법은 없는지 궁금하시겠지요. 있습니다. 전에 만들어 낸 생각-에너지체의 힘과 대등한 힘을 발휘할 수 있다면 말입니다. 하지만 과거의 잘못을 바로잡으려는 의욕과 지혜가 있어야 합니다. 우리는 이전의 생각-에너지체를 또 만들어 냄으로써 이전의 생각-에너지체에 더욱 큰 힘을 보태어 줄 수도 있습니다."[37]

---

36. 마르키데스, 위의 책, p.78
37. 마르키데스, 위의 책, p.74

6. 환영의 세계와 생각하는 나

환영과 생각의 세계

마르키데스가 말했다.

"동양의 종교에는 고통이나 그 밖의 모든 것이 하나의 환영이라고 보는 마야(maya)라는 개념이 있습니다."

"그리스도교 전통 속에도 그런 개념이 있다네."

다스칼로스가 대꾸했다.

"예컨대, 우리는 거친 물질세계를 과거와 현재와 미래의 의미, 곧 일종의 마야를 제공하는 세계라고 말하지. 그리고 그것이 마야임을 입증하려면 어제나 그저께 자네를 기쁘게 하거나 화나게 했던 일을 기억에 떠올려 보게. 어제 경험했고 기억 속에 남아 있는 것은 일종의 마야가 아닌가? 어제가 자네에게 기억 말고 무엇을 주던가? 경험의 세계를 인도인들은 마야라고 하고 고대 히브리인들은 환영이라고 한 것은 바로 이런 관찰에 근거한 것일세."

다스칼로스는 계속 이야기를 이었다.

"하지만 사실은 꼭 그런 것만도 아닐세. 거친 물질세계는 공상도 아니고 환영도 아니야. 그것은 우리에게 교훈과 경험을 제공해 주기 때문이네. 예컨대, 거친 물질세계는 우리의 영적 성장을 위해 적절한 교훈을 얻을 수 있는 온갖 경험을 우리에게 제공해 주지."

"그럼 또 묻겠네. 만일 마야가 환영이나 실체 없는 것을 의미한다면, 기억으로서 의식에 다시 가져올 수 있는 내 과거의 경험들은 대체 어디에 저장되어 있었을까? 차분히 앉아서 이 문제를 신중히 따져 본다면, 우리가 마야라고 부르는 것은 일반적 인식처럼 그렇게 허망한 것이 아니란 사실을 깨달을 수 있네. 왜냐하면 마야나 환영이라고 불리는 것은 잠재의식 안에 기억으로 남아 있기 때문이네. 그리고 그 경험의 세계가 정말 마야나 환영이라고 한다면, 높은 경지의 스승들이 언제 어느 순간이라도 꺼내어 재생시킬 수 있도록 그것이 우주의 기억 속에 어떻게 각인될 수가 있겠는가?"

"결국 마야의 세계란 모든 인간들이 끊임없이 만들어 내는 생각-에너지체의 세계라네. 그리고 그 생각-에너지체는 우리가 반드시 책임을 져야 하는 것이기 때문에 현실적인 힘을 가지지. 우리는 잠재의식 어딘가에서 그것들을 잊어버릴 수는 있지만, 우리 자신이 그 생각-에너지체를 만들어 냈기 때문에 조만간 그것들을 대면해야만 할 것이네. 그러니까 마야라는 것은 사물을 지각하는 하나의 방식일세."

다스칼로스는 방안에 있는 여러 가지 물건들을 손으로 일일이 가리켰다.

"만약 이 모든 사물들이 정말 마야일 뿐이라면, 신도 몽상에 빠져 꿈꾸고 있는 거라네. 하지만 절대자는 꿈을 꾸고 있는 것이 아니라 명상하고 있다네. 그리고 우리는 그의 영원한 명상 속에 존재하는 것일세. 모든 일이 그 안에서 펼쳐지고 일어난다네."

다스칼로스는 그림 쪽으로 몸을 돌리면서 말을 이었다.

"그래서, 우리는 마야라는 단어를 조심스럽게 사용해야 하네. 일어난 일은 하나의 사건으로서는 끝나지만 생각-에너지체는 남아 있기 때문일세. 그리고 수도 없이 얘기했지만, 생각-에너지체의 세계는 허망한 것이 아니야. 우리는 생각-에너지체에 대해 끝까지 책임을 져야 하기 때문이지."[38]

---

38. 마르키데스,《다스칼로스 3》, 앞의 책, pp.165-166

마음과 생각 그리고 나

우리는 모든 것이 초물질(Super-substance), 물질(substance), 그리고 초질료(super-matter)로서의 마음(Mind)이라고 말했습니다. 우리는 지금 마음의 가장 낮은 진동, 즉 물질에 대해 관심을 가지지 않습니다. 그렇지만 **모든 것은 마음이라는 사실은 변함이 없습니다.**

많은 사람들이 마음이 곧 생각이라고 생각하는 오류를 범합니다. 아닙니다, 그렇지 않습니다. 우리가 생각이라고 부르는 것은 마음의 산물이며, 당분간은 인간의 뇌에서 나오는 것입니다. 분명히, 마음은 우리 두개골 안에 있는 물질 뇌라고 불리는 이 작은 흙덩어리가 아닙니다.

생각은 형태이며, 사고는 무한한 형태 없는 마음의 바다에서, 아직 표현되지 않고 이미 존재하는 상태의 것을 얻는 방법입니다. 그리고 우리는 그것에 어떤 방식으로든 형상을 부여합니다. 우리는 그것을 "형성"하고, 그것을 우리의 내면세계, 즉 우리의 정신계 안으로 정신적 이미지(noetical image) 또는 심상(mental picture)으로 가져옵니다. 하지만 우리는 그것을 생각의 에너지체로서 우리 주변 환경 속으로 투영합니다.

(그렇다면) 우리는 마음입니까? 아닙니다, 우리는 마음을 사용하고 있습니다! 우리는 생각도 아니고, 감정도 아니며, 우리의 몸도 아닙니

다. 그래서 우리는 공부하는 과정에서 물질 육체를 통제하는 법을 배워야 합니다.

물질 육체와 대천사들의 작업에 대해 가능한 모든 것을 연구하십시오. 에테르복체를 연구하십시오. 그것을 통제하고 사용하십시오. 때때로 통제되지 않는 욕망과 감정으로 우리를 괴롭히는 감정체(심령체)를 연구하십시오. 우리는 그것들을 통제하고 알아야 합니다. … 그러면 어떻게 될까요? 우리는 우리가 우리의 감정이 아니라는 것을 알게 될 것입니다. 우리의 감정은 우리의 표현입니다.

우리는 우리의 생각입니까? 아닙니다!

자, 느낌이란 무엇입니까? 생각이란 무엇입니까? 그리고 그것들 사이의 관계는 무엇입니까? 우리는 결코 어떤 생각 없이 느낌을 가질 수 없으며, 마찬가지로 어떤 느낌 없이 생각을 가질 수 없습니다. 이제 우리는 이 두 가지 조건이 같은 물질로 이루어져 있지만, 그것들을 분리해야 합니다. 우리는 어떤 생각의 에너지체도 그것의 지속적인 생명을 위해서는 응집력이 필요하다는 것을 봅니다. 이것은 그것이 그 자체로 느낌과 욕망을 가져야 한다는 것을 의미합니다.

우리는 마음을 감정의 노예로 만드는 실수를 저지릅니다. 우리는 마음의 초물질을 감정과 욕망, 그리고 생각이 혼합된 생각-에너지체로 형성함으로써 그것을 노예로 만듭니다. 그래서 우리는 우리의 인격을 구성하는 생각-에너지체들을 어떻게 창조하는지를 연구해야 합니다.

우리는 무엇을 발견할 수 있을까요? 우리는 우리의 인격이 그러한 생각-에너지체들(우리의 인상, 좋아하는 것과 싫어하는 것, 그리고 생각들)로 구성되어 있으며, 우리는 우리의 현재 인격을 구성하는 생각-에너지체들이 우리 자신이라고 생각하는 끔찍한 실수를 저지른다는 것을 발견하게 될 것입니다.

이제, **내면의 관찰을 통해** 사물을 연구함으로써 우리는 "**그래, 이 모든 것 뒤에서 생각하고 있는 나는 누구인가? 시공간의 인상에 영향을 받지 않고, 내 욕망과 생각의 본질을 연구하며, 그것들의 주인이 되는 나는 누구인가?**"라는 것을 깨닫기 시작합니다.

내면의 관찰을 통해 얻을 수 있는 것은 무엇일까요?

여러분은 자신이 누구이며 무엇인지 알게 될 것입니다.
여러분은 마음-물질(Mind-matter)의 주인이 될 것입니다.
여러분은 자신의 마음-감정(Mind-emotions)의 주인이 될 것입니다.
여러분은 그것들이 무엇인지 알게 될 것입니다.
여러분은 그것들을 변화시키고 재구성할 수 있을 것입니다. 그러면 여러분은 자신의 마음을 감정의 노예가 되지 않도록 합리적인 생각으로서 마음의 주인이 될 것입니다. 그러면 여러분은 삶의 주인, 즉 자신의 운명의 주인이 될 것입니다.

물론, 입문자들은 이 과정을 발전해 나아가면서 결국 평범한 사람은 알 수 없는 방식으로 마음을 활용할 수 있다는 것을 알게 될 것입니다. 그리고 이러한 방식이나 방법은 강력합니다. **생각은 이제 힘이며, 엄청난 힘입니다.**[39]

---

39. 진리의 탐구자 공식 홈페이지(researchersoftruth.org)의 다스칼로스의 가르침 〈생각이란 무엇인가?〉 내용을 발췌 편집함.

7. 핵심 수행법과 그 능력

인격의 본질과 구성

"모든 전통과 시대의 **입문자들의 핵심 도구이자 가장 기본적인 수행은 일상적인 내면의 자기 관찰**입니다. 내면의 자기 관찰은 현재 인격의 속성을 탐구하는 것으로, 현재 인격이 그 자체로 그리고 다른 사람들과의 관계 속에서 어떻게 표현되는지를 살펴보는 것입니다.

우리의 현재 인격은 우리가 내면에서 생성했거나 공통 심령-이지적 분위기에서 받아들인 생각-에너지체들의 총합입니다. 생각-에너지체는 우리의 성격에 동화되어 우리의 기질을 형성합니다. 현재 인격의 함양은 우리가 전생에서 가지고 있는 특성과 성향으로 태어나기 전부터 시작됩니다. 인격은 평생 동안 모든 경험을 통해 계속 발전하며, 일부 문제를 해결하는 동시에 이번 생과 앞으로의 삶을 위한 다른 장해물을 만듭니다.

우리의 생각과 활동의 80%는 잠재의식적인 욕망과 필요에 의해 움직입니다. 우리는 욕망의 기원을 거의 알지 못하지만, 욕망은 우리가 경험하는 많은 것을 지배하고, 우리가 삶을 얼마나 즐기거나 고통받는지를 결정합니다. 이러한 필요와 욕망은 사실 생각-에너지체들의 집합체이며, 우리는 그들의 성취 욕구를 충족시키기 위한 행동을 할 때마다 에테르 생명력으로 그들을 먹여 살립니다.

잠재의식이 '나쁘다'거나 '좋다'고 말할 수는 없습니다. 대부분의 사람들에게 잠재의식은 둘 다 조금씩 가지고 있기 때문입니다. 잠재의식은 불가피하면서도 귀중한 존재이며, 당신이 그것이 성령의 지성을 표현하도록 허용할 때는 가장 친한 친구가 될 수 있지만, 그것이 저급한 욕망과 억제되지 않은 감정에 의해 지배될 때는 최악의 적이 될 수 있습니다.

...

스승들도 잠재의식을 가지고 있습니다. 하지만 스승들의 경우 잠재의식이 자의식에 비해 차지하는 비중이 우리보다 작고, 그들의 잠재의식에는 사랑과 연민의 속성이 심어져 있습니다. 만약 우리가 평범한 사람의 잠재의식을 혼란스러운 정글에 비유한다면, 더 진화된 인간들은 잠재의식을 고요한 초원으로 가꾸어 왔습니다. 정원사가 정원을 돌보면 정원은 정원사를 돌볼 것입니다."[40]

---

40. Stylianos Atteshlis, 《THE ESOTERIC PRACTICE》(The Stoa Series, 1994), pp.106-107

자기 관찰과 영적 성장

"내면의 자기 관찰은 우리의 동기와 행동을 더 잘 인식할 수 있도록 잠재의식을 자의식에 드러내려는 진지한 노력입니다. 그것은 우리 자신을 더 잘 알고 우리가 생각하고, 느끼고, 욕망하고, 행동하는 것에 대해 더 큰 통제력을 갖기 위해 잠재의식을 정화하는 과정입니다. 우리는 우리의 인격을 구성하는 생각-에너지체가 사랑, 이성, 올바른 사고에 의해 지배되도록 노력해야 합니다.

자기 관찰은 우리를 현재 인격의 좁은 범위에서 벗어나 확장된 의식 상태로 이끌 것입니다. 우리의 낮은 인격은 영원한 인격(상위 자아)의 현명한 날개 아래로 이동할 것이지만, 저항 없이는 아닐 것입니다. 이기심은 교활하며 '빛의 천사'로 가장하여 우리의 노력을 좌절시키려 할 것임을 기억하세요. 그러니 우리는 경계해야 합니다.

특정 수련과 향상된 이해를 통해 우리는 잠재의식을 정화할 뿐만 아니라 공간을 정리하여 로고스와 성령이 거룩한 인격을 통해 자신을 표현할 수 있는 적합한 집을 만들 것입니다.

우리가 인격에서 부정적 생각-에너지체들을 제거하고 에너지를 잃게 할 때, 결과적으로 생기는 '공백'을 건전한 생각-에너지체들로 채우는 데 주의를 기울여야 합니다. 생각-에너지체들은 인격 내에서 서로 섬세한 균형을 이루고 있으며, 어떤 구조 조정도 천천히 그리고 확실하게 이루어져야 합니다. 이것이 지속적인 영적 발전에는 시간이 걸리는 이유입니다. 인격은 좋든 나쁘든 신중하게 구축된 것이며, 매일의 자기 관찰은 신성한 계획에 자각적으로 참여하기 위해 현재의 자아를 개선하는 안전한 접근 방식입니다."[41]

수행의 구체적인 방법

"한 가지 덧붙일 것은, 사람은 깨어서 일상생활 속에 빠져 있을 때보다 잠잘 때에 자신이 만든 생각-에너지체의 영향을 받기가 더욱 쉽다는 것입니다. 여러분은 자신이 많은 욕망을 갖고 있으며 깨어 있는 동안은 잊고 있던 것들이 잠들기 직전이나 잠들어 있는 동안에 되살아난다는 것을 알게 될 것입니다. 과거에 만들어졌던 생각-에너지체와 자신의 자아로부터 공격을 당하게 되는 것은 이렇게 감수성이 예민해지는 때입니다. 이러한 이유로 입문자들은 중요한 수행 중의 하나로서 매일 밤 잠들기 전에 몇 분씩 자기분석을 위한 시간을 가져야만 하는 것입니다. 잠이 들려고 하는 바로 그 순간이 자신의 욕망과 생각에 대해 예민해지고 무방비 상태가 되는 시간입니다. 이때는 기억의 밑바닥에 가라앉아 있는 생각과 욕망들을 끌어올리기가 어렵지 않게 됩니다. 그러므로 그것들을 파헤쳐서 밝혀내기가 용이한 시간이 바로 이 순간인 것입니다."[42]

---

41. Stylianos Atteshlis, 위의 책, p.108
42. 마르키데스, 《다스칼로스 1》, 앞의 책, p.78

(그래서) "매일 밤, 잠자리에 들기 직전(잠재의식이 더 열려 있을 때), 완전히 긴장을 풀고 숨을 깊고 천천히 들이마시세요. 잠시 후에 침대에 누워 있거나 앉아서 하루를 처음부터 끝까지 회상하기 시작하세요. 하루 동안의 사건과 만남을 되돌아보면서 자신과 타인에 대한 완전한 관용과 관대함으로 스스로에게 물어보세요.

* 내가 생각하거나 느끼지 말았어야 할 것을 생각하거나 느꼈습니까?
* 내가 생각하거나 느꼈어야 할 것을 생각하거나 느끼지 않았습니까?
* 내가 말하지 말았어야 할 것을 말했습니까?
* 내가 말했어야 할 것을 말하지 않았습니까?
* 내가 하지 말았어야 할 일을 했습니까?
* 내가 했어야 할 일을 하지 않았습니까?

이것의 목적은 자신이나 타인을 꾸짖거나 칭찬하는 것이 아니라, 공정한 관찰자로서 자신의 활동을 탐구하는 것입니다. 자신의 행동을 교정하기 위해 노력하세요. 시간이 지남에 따라 자신을 더 잘 보는 능력이 향상될 것이며, 이에 따라 도덕적, 영적, 신비로운 삶이 더욱 빠르게 성장하는 것을 발견하게 될 것입니다."[43]

(이렇게) "내면을 들여다보는 동안, 우리는 또한 헌신적으로 자기분석을 수행해야 합니다. 우리는 우리의 행동을 연구하고 왜 그런 행동을 하는지 그 이유를 발견해야 합니다. 만약 우리가 어떤 심각한(나

---

43. Stylianos Atteshlis, 『THE ESOTERIC PRACTICE』, 앞의 책, p.109

쁘다고 말하지는 말자) 행동을 한 후에 왜 그렇게 행동했는지 자문한 다면, '사탄도 자기를 광명의 천사로 가장하나니'(고린도후서 11:14)라는 놀라운 설명을 내놓으며 매우 교묘하게 변명하려는 현재의 인격의 이기주의를 관찰할 수 있습니다. 그 순간, 우리는 혼자서 명상하고 그러한 행동의 진짜 이유를 찾아내야 합니다. 우리의 하위 인격의 항의에 침묵해야 합니다. 우리는 마치 부정적인 생각, 감정, 행동을 만들어 낸 것이 우리 자신이 아니라 다른 누군가인 것처럼 관찰하고 판단해야 합니다.[44]

우리는 다른 불순한 동기가 있었는지, 혹은 우리의 인격을 만족시키기 위해 무언가를 했는지 스스로에게 물어봐야 합니다. 우리는 우리의 인격과 그 모든 행동을 의도적으로 검토하는 것부터 시작해야 합니다. 그러면 우리는 전체 상황을 이성의 빛으로 보기 시작하고 현상 뒤에 숨은 원인을 파악할 것입니다. 이 작업에는 완전한 정직함이 필요합니다. 처음에는 어렵지만 결국에는 큰 행복과 만족을 가져다줍니다. 왜냐하면 우리 곁에는 저항하는 인격뿐만 아니라 우리의 진정한 자아(내면의 신성을 의미함)도 우리를 인도하고 지도하기 때문입니다."[45]

---

44. 객관적으로 자기 자신을 관찰하라는 의미
45. Stylianos Atteshlis, 《THE ESOTERIC TEACHINGS》(The Stoa Series, 1992), pp.173-174

이 수행을 통해 얻게 되는 능력들

"지금 우리가 서 있는 곳에서 우리는 우리 자신과 행동, 생각을 잠재의식적으로 보게 됩니다. 나중에, 어느 정도 시간이 지나고 우리의 행동이 개선됨에 따라, 우리는 의식적으로 우리 자신을 볼 것이고, 우리의 감정을 통제하고 올바른 결정을 내릴 수 있게 되어 의지의 세계로 더 깊이 들어갈 것입니다. 이 시점에서, 우리가 생각을 제대로 사용할 수 있을 때, 우리는 비록 정의할 수 없는 방식이지만 처음으로 자아, 즉 '나는 나다.'라는 것을 느낍니다. 우리는 우리의 영원한 자아에 들어가기 시작하고 더 큰 이해와 경험을 향해 나아갑니다.

이 순간부터 우리는 물질 육체의 에테르복체와 우리 주변의 모든 것을 자유자재로 사용할 수 있습니다. 이는 내면의 신성인 영혼이 권능을 가지고 있기 때문입니다. 우리의 현재 인격은 그 나약함과 격정으로 인해 이러한 능력이 없습니다. 우리가 신성한 생각의 선물을 올바르게 사용하고 자기 분석을 통해 우리 활동의 정당성을 자각할 때, 우리의 기쁨은 큽니다. 우리 안에는 다양한 감정들이 소용돌이치고 있으며, 우리는 이를 이해하고 통제하려고 노력해야 합니다. 우리는 각 욕망의 정확한 강도와 그것을 충족시킬 가능성을 알게 될 것입니다. 이러한 방식으로, 특정 강도의 욕망을 제쳐 두고, 우리는 더 넓은 발전의 순환 안에서 우리의 위치를 확보하고 더 광범위한 수련을 위한 조건을 만듭니다.

욕망은 (성취를 목표로 하는) 생각-에너지체의 형태로 심령-이지적 실체의 투영이기 때문에, 인간은 시공간 세계에 있는 한 끊임없이 욕망에 시달립니다. 만약 우리가 이러한 생각-에너지체에 집중한다면, 그것들은 더 많은 심령-이지적 물질로 풍부해져 성취될 때까지 점점 더 강해집니다. 반면에, 우리가 올바른 사고에 따라 그것(욕망)들을 밀어낸다면, 물론 그것들은 계속해서 돌아오겠지만, 매번 우리는 내면의 자아의 존재에서 흘러나오는 올바른 반응을 일으키기가 더 쉬워질 것입니다. 더 좋은 방법은 처음부터 우리의 욕망을 통제하고, 나중에 무력화하기 어려울 수 있는 위협적인 생각-에너지체의 생성을 금지하는 것입니다.

우리는 내면의 신성인 영혼에 대한 경외심을 길러야 합니다. 그래야만 길을 잃기 쉬운 현재 인격에 대한 통제와 감독이 영혼으로부터 흘러나올 수 있습니다. 이렇게 하면 … 우리는 주변 환경에 대한 심령-이지적인 지배력을 얻고, 그때까지 불가능하다고 여겼던 것들을 행하고 이해할 수 있게 될 것입니다. 예를 들어, 우리는 다른 사람들의 생각을 읽고 누군가가 거짓말을 할 때 쉽게 알아차릴 수 있게 될 것입니다. 그러나 이것이 우리에게 동료 인간의 인격을 침해할 권리를 주는 것은 아닙니다. 우리는 분명히 그 힘을 가지고 있지만, 그 힘을 무분별하게 사용할 권리는 없습니다. 우리가 힘을 얻을 때마다 새로운 유혹이 우리 곁에 생겨나기 때문에 우리가 올바른 길을 가고 있는지, 위험한 길로 빠지지 않았는지 확인하기 위해 큰 주의를 기울여야 합니다.

이제 우리의 내면의 신성인 영혼이 수면으로 올라와서 그 표현을 알고 통제합니다. 조금씩 추론하는 주체가 현재의 인격만이 아니라, 우리 내면의 자아를 통해 우리 자신이라는 것이 분명해집니다. 이것이 대체로 명상의 본질입니다.

…

내면을 들여다봄으로써, 잠자는 동안의 존재하지 않는다는 느낌이 점차 사라지고, 물질 몸이 잠자는 동안에도 우리는 자각하는 영혼으로서 활동할 수 있게 됩니다. 언젠가 우리는 심령계가 우리에게 열려 있고, 우리가 그 안에서 마땅히 행동하며 자유롭게 움직일 수 있다는 것을 큰 기쁨으로 깨닫게 될 것입니다. 이런 방식으로 우리는 초의식적인 자기 인식에 들어가고, 3차원 물질계에 살면서도 동시에 서로 멀리 떨어진 여러 장소에 존재하며 인상을 받고 도움을 줄 수 있습니다. 일반적인 인간의 인식 범위를 벗어나는 힘과 능력이 개발됩니다. 따라서 초의식적 자기 인식을 부여받은 사람은, 예를 들어 수업을 하는 등 정상적인 활동을 하면서도, 생각의 흐름을 방해하지 않고 동시에 수 킬로미터 떨어져 있는 다른 사람과 완벽하게 두 상황을 통제하며 대화할 수 있습니다.

우리의 인격이 영원한 인격(상위 자아)의 지도 아래 수행하는 위대한 일 중 하나는, 우리를 생각과 감정의 신성한 선물을 받을 자격을 갖추도록 만드는 것입니다.

…

올바른 사고와 명상을 통해 우리는 개인적인 목표에 의해 결정되는 자기 반영적 사랑(이기심이 사랑에 반영되는)을 구별하고 이를 무조건적이고 보편적이며 불멸하는 진정한 사랑으로 대체하여 '썩을 것이 썩지 아니함을 입고 죽을 것이 죽지 아니함을 입는'(고린도전서 15:53) 과정에 동참할 수 있습니다."[46]

---

46. Stylianos Atteshlis, 위의 책, pp.174-178

컬러 도판 모음

색상별 의미 표

그림 8. 막연한 순수한 애정

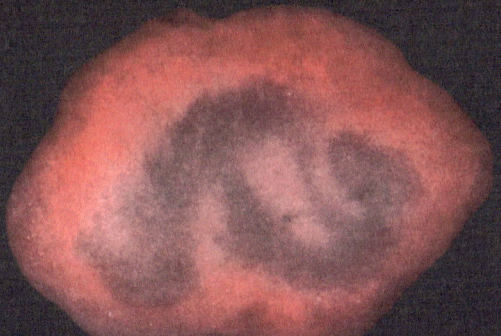

그림 9. 막연한 이기적 애정

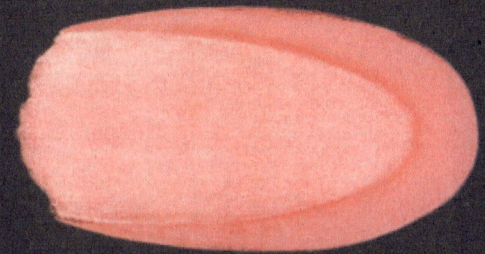

그림 10. 확고한 애정

컬러 도판 모음

그림 11. 발산하는 애정

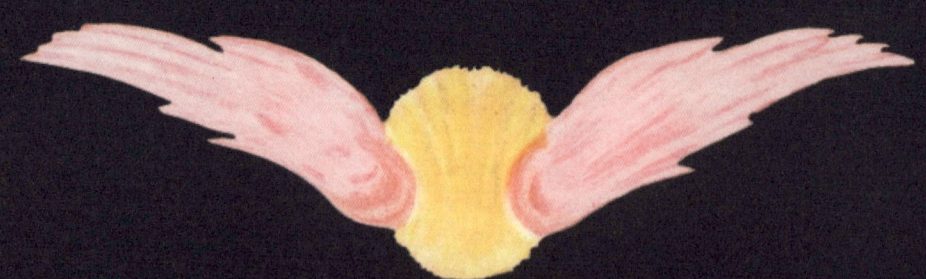

그림 12. 평화와 보호

그림 13. 탐욕스러운 동물적 애정

그림 16. 자기희생

그림 14. 막연한 종교적 감정

컬러 도판 모음 | 233

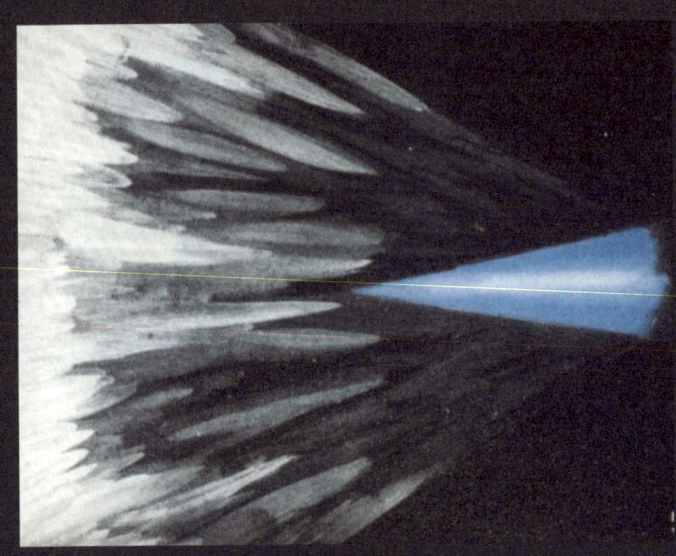
그림 17. 헌신에 대한 응답

그림 15. 위로 솟아오르는 헌신

그림 18. 막연한 지적 즐거움

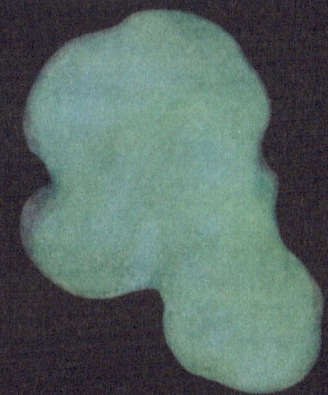

그림 18A. 막연한 동정심

그림 19. 알고자 하는 의지

그림 20. 높은 야망

그림 21. 이기적 야망

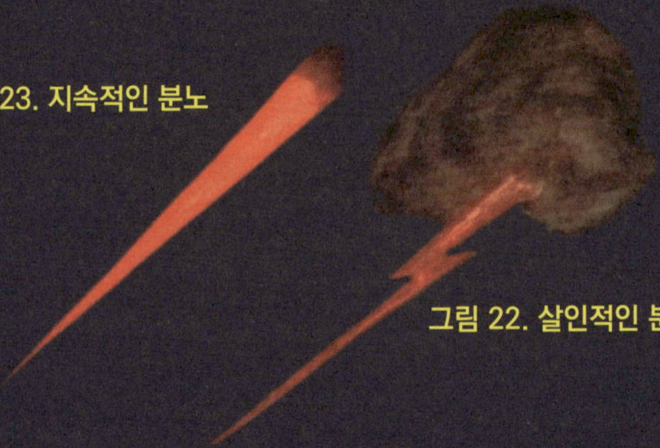

그림 23. 지속적인 분노

그림 22. 살인적인 분노

그림 24. 폭발적인 분노

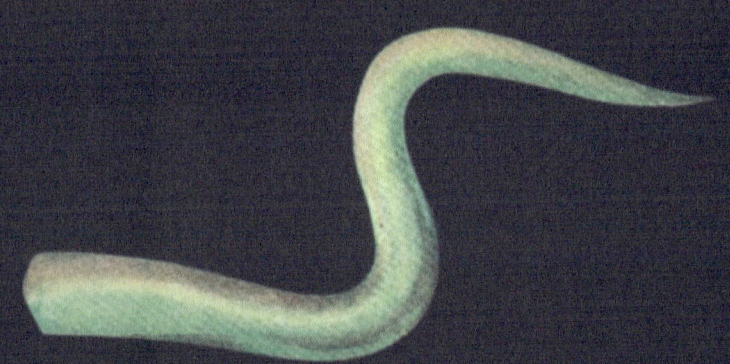

그림 25. 경계심이 강한 질투

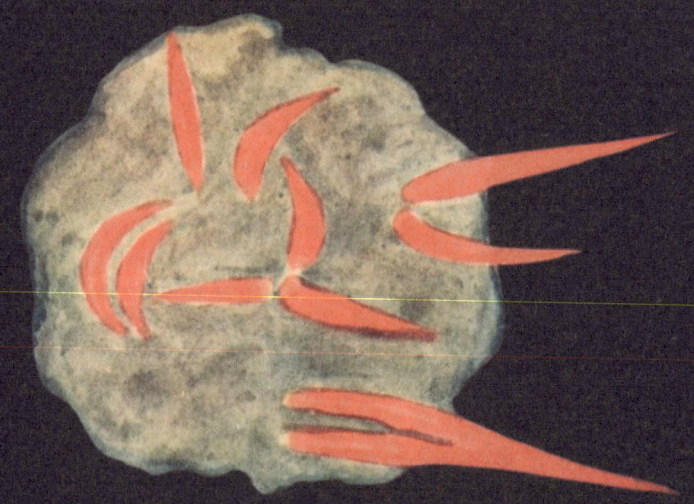

그림 26. 분노에 찬 질투

그림 27. 갑작스러운 공포

그림 28. 이기적인 탐욕

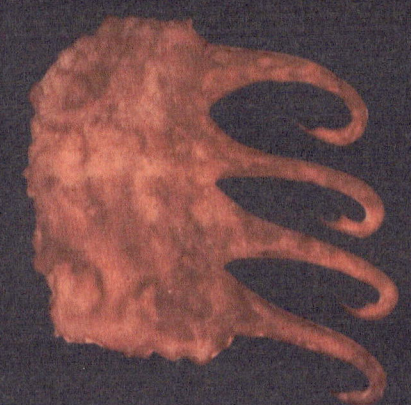

그림 29. 술에 대한 탐욕

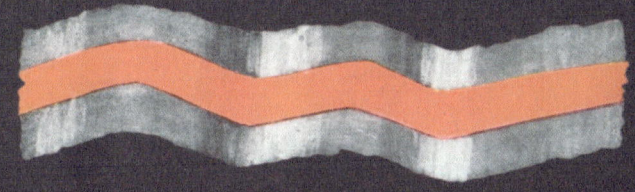

그림 31. 공연 전의 생각

컬러 도판 모음 | 239

그림 30. 훌륭한 힘과 결단력
그림 30A. 이기적인 공포
그림 30B. 두려움과 신앙에 의지

그림 32A. 실패한 도박꾼

그림 32B. 성공한 도박꾼

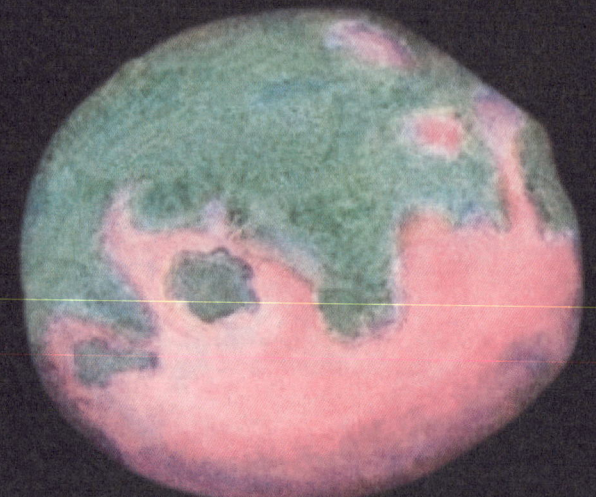

그림 33A. 막연한 동정심

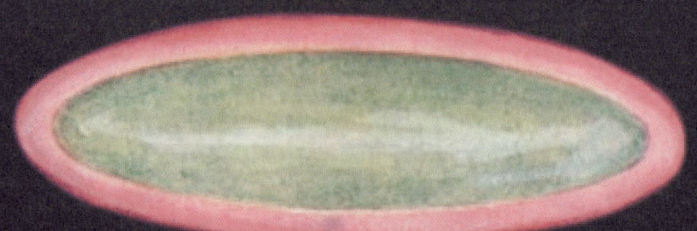

그림 33B. 행동을 수반한 동정심

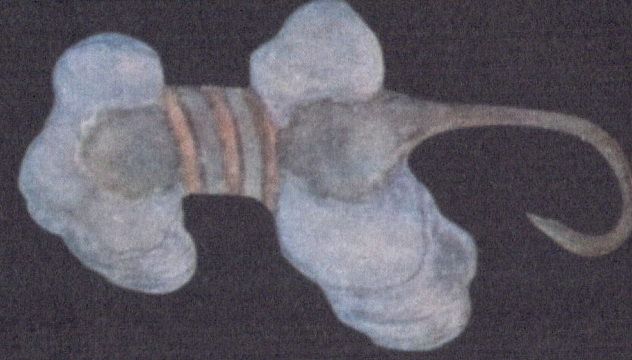

그림 34A. 무지로 인한 두려움

그림 34B. 진리에 대한 명확한 인식

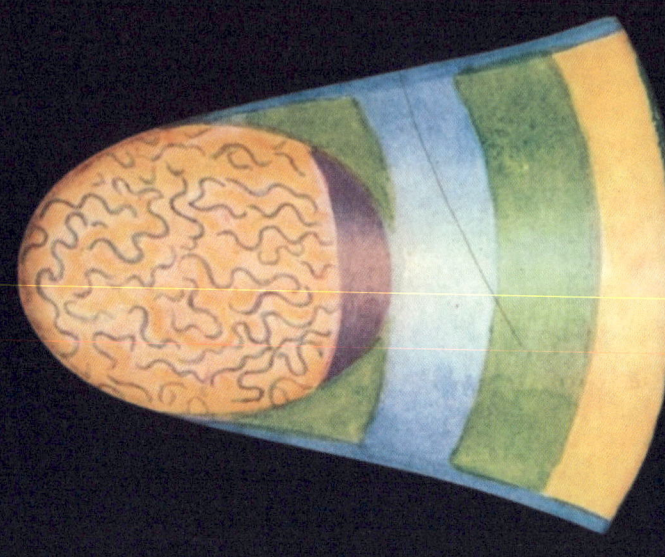

그림 36. 승화 감상

그림 35. 반가운 친구를 만났을 때

244 | 마음 사용 설명서

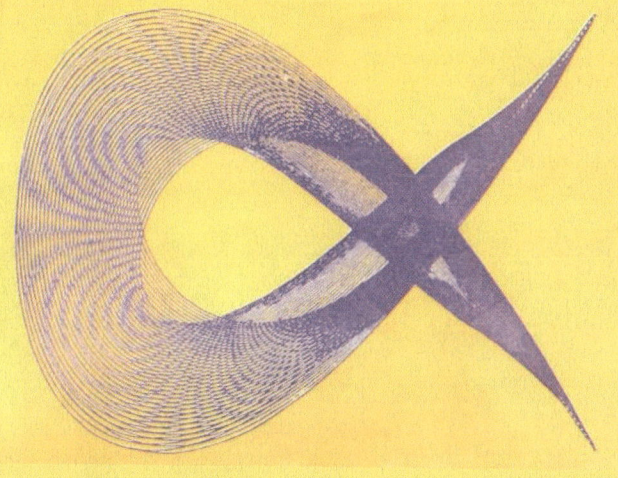

그림 38. 모두를 포옹하려는 열망

그림 37. 인류를 향한 동정과 사랑

그림 39. 여섯 방위의 사랑과 동정

그림 40. 우주적 질서에 대한 지성적 추구

그림 41. 현현한 로고스

그림 42. 모든 곳에 편재하는 로고스

그림 43. 지성적 열망

그림 48

그림 49

그림 50

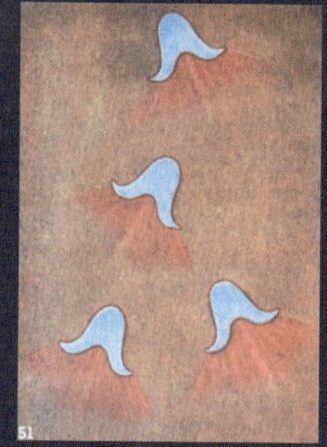
그림 51

그림 52

그림 53

그림 54

멘델스존

바그너